AF370818

BRUNETES

OU

PETITS AIRS TENDRES,

AVEC LES DOUBLES

ET LA BASSE-CONTINUE;

MÉLÉES

DE CHANSONS A DANSER.

Recüeillies & mises en ordre par
CHRISTOPHE BALLARD,
seul Imprimeur de Musique , & Noteur de la Chapelle du Roy.

TOME TROISIÉME.

A PARIS,
Ruë S. Jean de Beauvais, au Mont-Parnasse.

M. DCC. XI.
Avec Privilege de Sa Majesté.

A SON ALTESSE
SERENISSIME
MADAME LA PRINCESSE
DE CONTY,
DOUAIRIERE.

MADAME,

Le Troisiéme Volume des Brunetes, que j'ay l'honeur de présenter à VOSTRE ALTESSE SERENISSIME, est un hommage dû à l'accueil favorable, dont

EPISTRE.

*Elle a bien voulu honorer les deux pre-
miers. Quand cette raison ne m'enga-
geroit pas à ce devoir, je ne pourrois assez
rechercher les occasions de publier la parfaite reconnoissance que j'ay de la puis-
sante protection, dont V. A. S. me com-
ble de jour en jour. J'ose la supplier tres-
humblement de me continuer cette grace,
& de me permettre de luy protester que
je ne negligeray jamais les moyens qui
pourront me la faire meriter. Je suis
avec un tres-profond respect.*

DE VÔTRE ALTESSE SERENISSIME,

MADAME,

Le tres-humble & tres-
obeïssant Serviteur,
C. BALLARD.

AVERTISSEMENT.

LES BRUNETES ont été si bien reçûës de tout le Monde , qu'on est persuadé que ce Troisiéme Volume fera plaisir : Il y a long-temps, à la verité, qu'on le promet ; mais on espere que le Public pardonnera ce retardement en faveur du grand nombre d'Airs, dont on a fait choix , pour composer ce nouveau Recueil.

On a suivi à peu prés le même ordre des deux premiers Volumes : Et l'on s'est conformé au nombre des Chansons à danser.

On a de plus ajoûté une suite de Fragments d'Airs, tirez la pluspart des *Brunetes* & des *Vaux-de-villes* , que leur enchaînement a fait nommer POT-POURY.

C'est au Public seul à juger de toutes ces varietez : On n'a eû d'autre intention que de luy plaire, & l'on s'estimera tres-heureux si l'on apprend que l'on y a réüssi.   ã iij

TABLE

Des cinq suites de Tons, sous lesquels sont rangez les BRUNETES, *ou* PETITS AIRS TENDRES *de ce Volume.*

LA premiere Suite est en G-RE-SOL, depuis la page 1. jusqu'à la page 113.

La seconde Suite est en D-LA-RE, depuis la page 114. jusqu'à la page 156.

La troisiéme Suite est en A MI-LA depuis la page 157. jusqu'à la page 201.

La quatriéme Suite est en F-UT FA depuis la page 202. jusqu'à la page 149.

La cinquiéme Suite est en C-SOL-UT, depuis la page 250. jusqu'à la page 276.

Toutes ces Suites comprennent

 76. Airs simples avec B-C.
 15. Duo.
  7. Trio.
  7. Doubles.

En tout 105. Airs différents, & 154. Seconds Couplets, outre les *Chansons à danser*, & le POT-POURY.

TABLE ALPHABETIQUE

Des BRUNETES, ou PETITS AIRS TENDRES, divisez en cinq suites de Tons.

ã iv

T A B L E.

CHANSONS A DANSER

EN ROND.

FIN DE LA TABLE.

BRUNETES

BRUNETES

OU
PETITS AIRS TENDRES,
AVEC LES DOUBLES
ET LA BASSE-CONTINUE;
MÊLÉES
DE CHANSONS A DANSER.

Suite en G ré sol.

RONDEAU.

TOME III.

A

BRUNETES

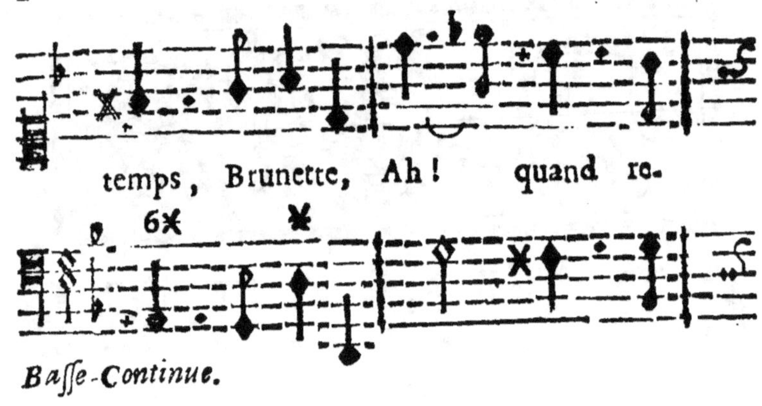

temps, Brunette, Ah! quand re-
6
Basse-Continue.

FIN.
viendra-t'il cét heureux temps ? Lorsque dans nos

4 3 FIN.
Basse-Continue.

Bois je te trouvois seu- lette, Auprés de
Basse-Continue.

tes Moutons paiſſans, Toûjours fola-
Baſſe-Continue.
7 6

trant, tu venois ſur l'her-bette, Danſer au
Baſſe-Continue.
4

ſon de ma ten- dre Muſette; Ah!
6 6
Baſſe-Continue.

A ij

Second Couplet.

Ah ! quand reviendra-t'il ce temps d'Aftrée,
Ah ! quand reviendra-t'il cét heureux temps ?

J'irois habiter cette aimable Contrée
Où les cœurs font toujours conftans,
Ma fidelité fe verroit couronnée,
De Céladon j'aurois la deftinée.

Ah ! quand reviendra-t'il ce temps d'Aftrée,
Ah ! quand reviendra-t'il cét heureux temps ?

MAl- gré vôtre ri-
Baſſe-Continue.
6 6X
6
5

gueur ex- trê- me, Vos
Baſſe-Continue.
X

yeux peuvent tout en- fla-
Baſſe-Continue.
6 6X
6
5

A iij

mer :   Je ne sçay pas si vous

Basse-Continue.

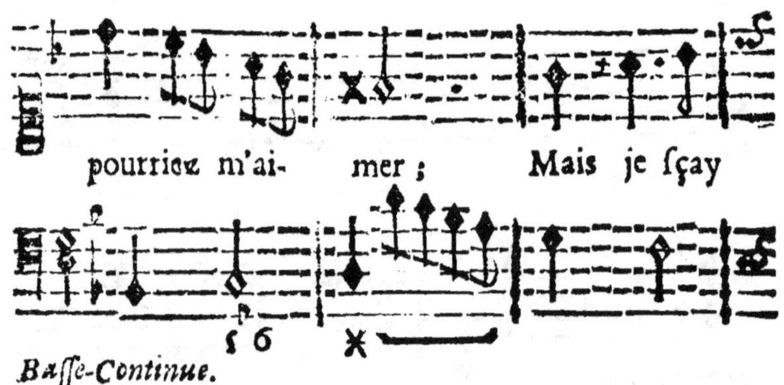

pourriez m'ai-   mer ;   Mais je sçay
Basse-Continue.

bien   que je vous ai-   me.
Basse Continue.

Second Couplet.

Si mes yeux caufent ton martire ,
N'en accufe point ma rigueur :
Je fens pour toy dans le fond de mon cœur
Je ne fçay quoy ;... c'eft trop en dire.

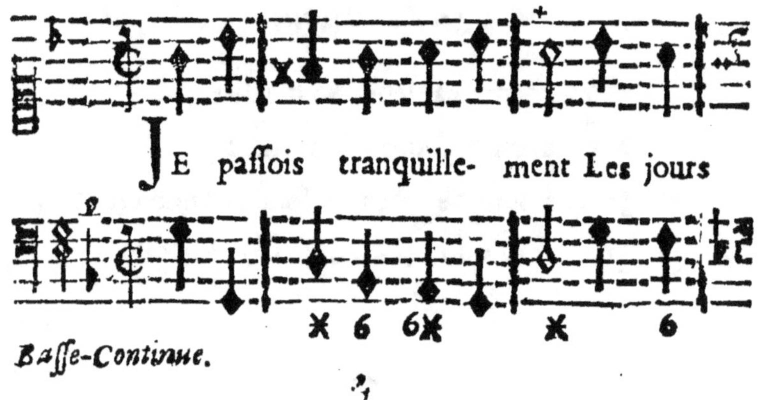
JE paſſois tranquille- ment Les jours
Baſſe-Continue.

de ma vi-   e,   Avant   le fa-
Baſſe-Continue.

tal moment Où j'ay   vû Silvie.   Où j'ay
Baſſe Continue.

Second Couplet.

Quand viendra cet heureux jour
Qu'Iris moins cruelle,
Sentira pour moy l'amour
Que je sens pour elle. *bis.*

Troisiéme Couplet.

Vous regrettez un baiser
Que j'ay sçû vous prendre :
Et bien , pour vous appaiser ,
Faut-il vous le rendre ? *bis.*

Quatriéme Couplet.

Ah ! dequoy murmurez-vous ,
Tendres Tourterelles ?
L'Amour n'a rien que de doux
Pour vos cœurs fidelles. *bis.*

Autres Couplets cy-aprés.

Premier Couplet.

Nuit & jour fous ces Ormeaux
Un Berger foupire ,
Et dit que de tous les maux
L'amour eft le pire. *bis.*

Second Couplet.

Helas ! je fuis amoureux ,
Je fens une flâme
Qu'un trait party de fes yeux
Allume en mon ame. *bis.*

Troifiéme Couplet.

Les Forefts & les Ruiffeaux ,
Par leur doux murmure ,
Semblent prendre part aux maux
Que mon cœur endure. *bis.*

Quatriéme Couplet.

Si je puis paffer mes jours
Prés de ma Silvie ,
Dieux , n'en prolongez le cours
Qu'autant que fa vie. *bis.*

Autre,

Vous avez tous les appas
Des Rofes nouvelles ,
Mais Iris , n'effayez pas
De piquer comme elles. *bis.*

QUand je quitte- ray ma Climene,
Basse-Continue.

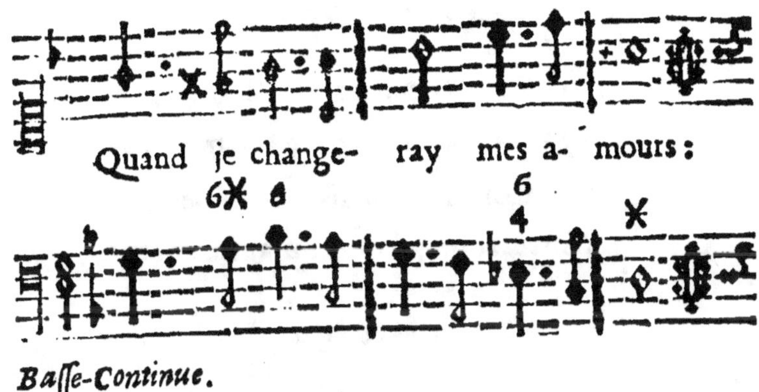
Quand je change- ray mes a- mours:
Basse-Continue.

On verra les eaux de la Seine,
Basse Continue.

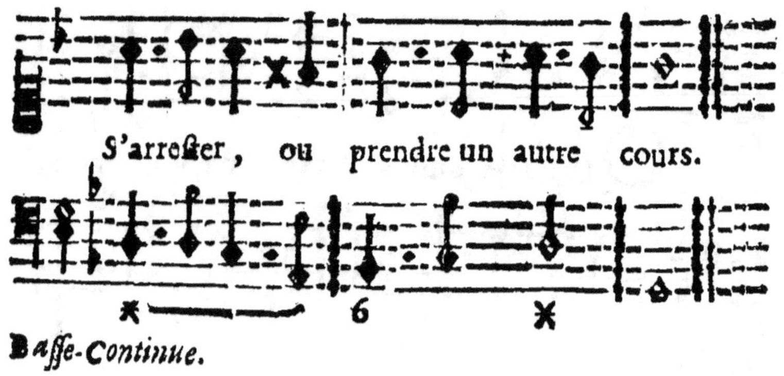

Second Couplet.

On t'a vû quitter ta Climene,
On t'a vû changer tes Amours ;
Mais on n'a jamais vû la Seine
S'arrêter ou prendre un autre cours.

Troifiéme Couplet.

On verra regner l'innocence,
On épargnera fon prochain :
On dira toûjours ce qu'on penfe,
Quand je cefferay d'aimer Catin.

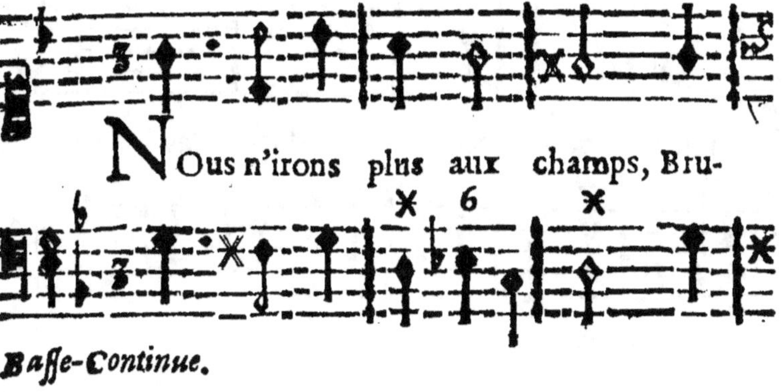
Nous n'irons plus aux champs, Bru-
Basse-Continue.

nette, Nous n'irons plus aux champs, Juf-
Basse-Continue.

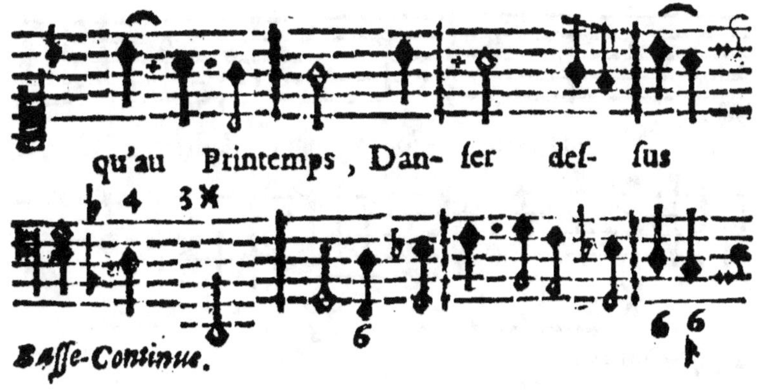
qu'au Printemps, Dan- fer def- fus
Basse-Continue.

l'her- bet-　te. He- las ! he-

Baſſe-Continue.

las ! il faut quitter ces lieux
Baſſe-Continue.

Où tous les jours j'adorois
Baſſe-Continue.

vos beaux yeux. Adieu, A-
Basse-Continue.
dieu, Brunet- te,
Basse-Continue.
Nous n'irons plus aux champs Danser
Basse-Continue.

deſſus l'herbette, Nous n'irons plus
Baſſe-Continue.
aux champs Juſ- qu'au Printemps.
Baſſe-Continue.

DVO.

DUO.

LE Berger A- minte, Et la Ber-
Tous deux l'ame at- teinte, Et l'un de

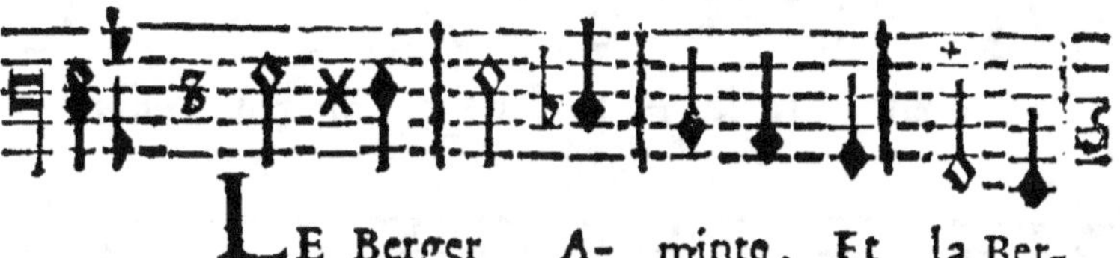
LE Berger A- minte, Et la Ber-
Tous deux l'ame at- teinte, Et l'un de

gere I- ris; ris; Chantent sur leur Mu-
l'autre épris : pris;

gere I- ris; ris; Chantent sur leur Mu-
l'autre épris ; pris ;

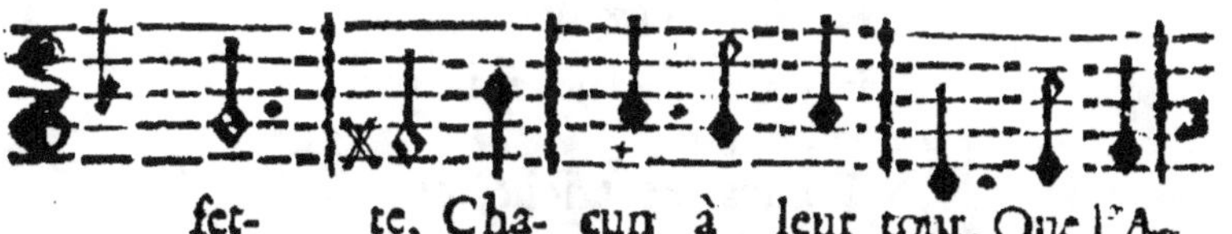
set- te, Cha- cun à leur tour, Que l'A-

set- te, Cha- cun à leur tour, Que l'A-

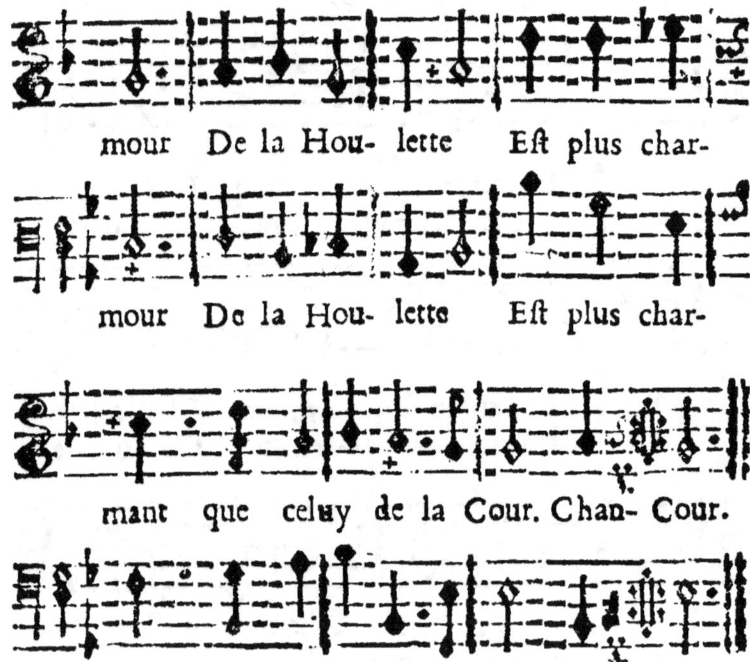

Second Couplet.

La Nymphe Sabine
Dit au Berger Hylas :
Je suis assez fine,
Et feins de ne voir pas

Toutes les tricheries
Qu'on fait en amour,
A la Cour ;
Sans raillerie,
Songez à vous, car chacun a son tour.

Troisiéme Couplet.

Un Amant s'engage
Aujourd'huy à la Cour,
Et devient volage
Dedans le même jour :
Un Berger est sincere,
Son cœur est constant
En aimant,
Et la Bergere
Qu'il doit aimer, aime éternellement.

AUTRES COUPLETS.

Premier Couplet.
Le Berger Philinte
Sur le bord d'un ruisseau,
De sa douce plainte
Faisoit fremir son eau ;
Chantoit sur son Tuorbe,
Accordant ses doigts
A sa voix :
Que l'on m'absorbe,
Aimable Iris, si je change vos loix.

Second Couplet.
L'aimable Bergere,
Je n'en dis pas le nom,
Ne se soucie guere
Si l'on soupire ou non.
Entrer sous son Empire,
N'est pas un danger
Si leger,
Qu'on puisse dire,
Puisqu'on y meurt plûtôt que de changer.

SARABANDE.

Mieux qu'à la Cour, On aime en lieu cham-

Basse-Continue.

pêtre; Mieux qu'à la Cour, On trai-

Basse-Continue.

te icy l'amour: mour: O l'heureux
Basse-Continue.

jour, Où Philis m'en fit naître!

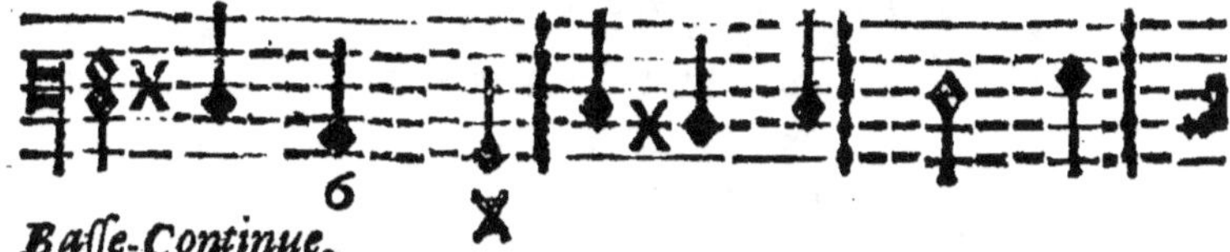
6
Basse-Continue.

Et qu'à son tour, Elle sçût le con-

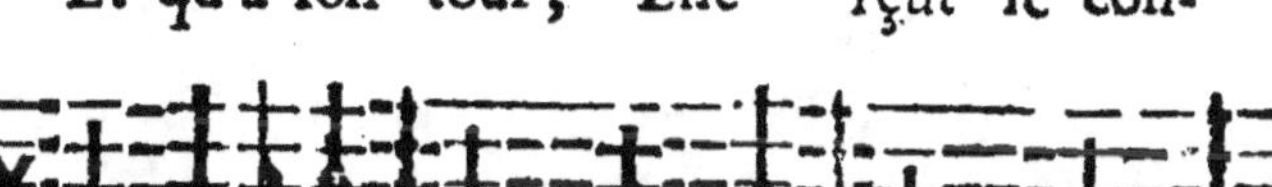
Basse-Continue.

noî- tre.
43
Basse-Continue.

Second Couplet.

Quelle douceur
D'aimer une Bergere,
Quelle douceur
D'en poſſeder le cœur.

Loin de l'erreur
De nous eſtre ſevere,
Son point d'honneur,
Eſt le ſoin de nous plaire.

Troiſiéme Couplet.

Quand une fois
On goûte cette vie,
Quand une fois
On aime dans nos bois:

Quand on a fait choix
D'Aminte ou de Silvie,
La Cour des Rois,
Ne fait plus nôtre envie.

Ma Maîtresse est belle , Je m'en
Basse-Continue.
6 6 6 6 6

fais honneur ; Et je ne vois qu'elle
6 6 6
Basse-Continue.

Digne de mon cœur ; Mais el-
6 6
Basse-Continue.

Basse-Continue.

Second Couplet.
De tout le Village
Elle est l'ornement,

Et son beau visage
Fait plus d'un Amant ;
Mais rien ne l'engage,
C'est-là mon tourment.

Troisiéme Couplet.
Sa beauté me flatte
De mille plaifirs,

Mon amour éclatte
Par mille defirs ;
Mais elle est ingratte,
Je perds mes foupirs.

Quatriéme Couplet.
Ma pourfuite est vaine ;
Mais parmi mes maux,

C'est du moins fans peine
Que j'ay des Rivaux ;
Car cette Inhumaine,
Nous rend tous égaux.

RONDEAU.

RONDEAU.

TOME III. C

Fin.

Fin.

Baſſe-Continue.

Baſſe-Continue.

Baſſe-Continue.

Second Couplet.

Je ne puis me deffendre,
J'ay le cœur tendre,
Je ne puis me deffendre
De vous aimer.

Mais pourroit-on pretendre
De vous charmer?

Je ne puis me deffendre,
J'ay le cœur tendre,
Je ne puis me deffendre
De vous aimer.

Troisiéme Couplet.

Faut-il dans la jeunesse
Tant de sagesse,
Faut il dans la jeunesse
Tant de raison?

Sans un peu de tendresse
Que feroit-on?

Faut-il dans la jeunesse
Tant de sagesse,
Faut-il dans la jeunesse
Tant de raison?

C ij

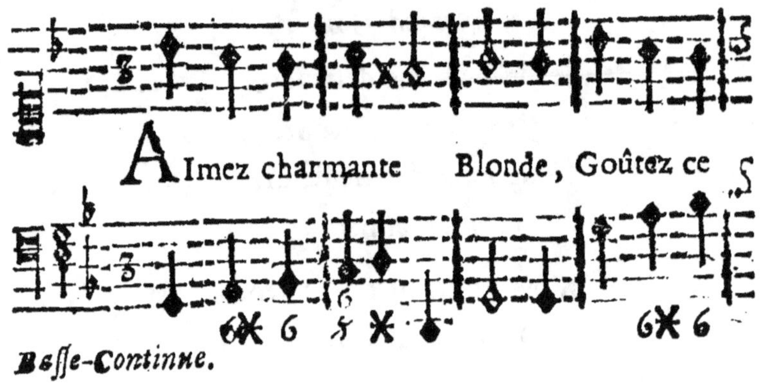
AImez charmante   Blonde, Goûtez ce
Basse-Continue.

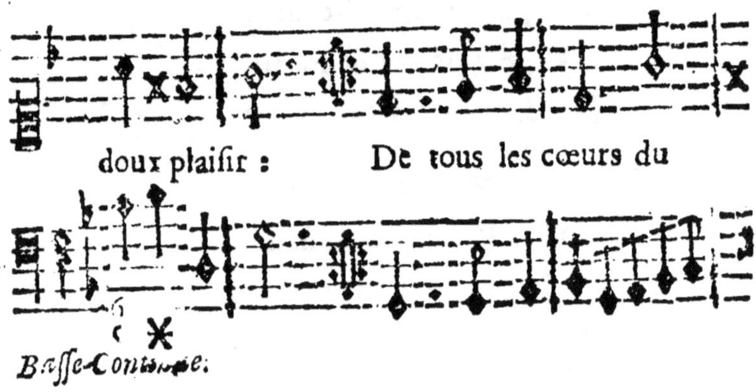
doux plaisir :   De tous les cœurs du
Basse-Continue.

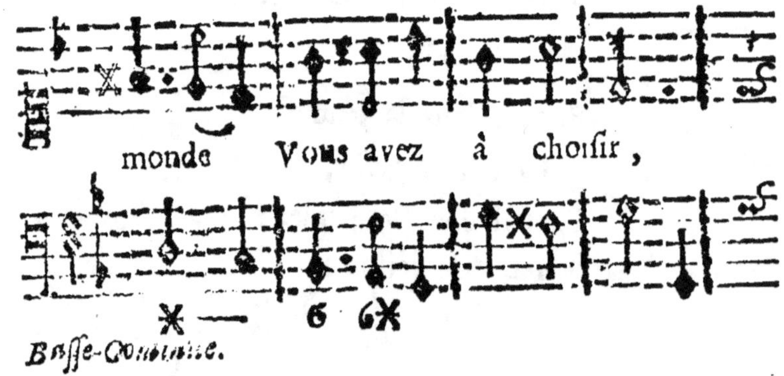
monde   Vous avez   à   choisir,
Basse-Continue.

Second Couplet.

Pendant vôtre jeunesse

Donnez-vous à l'Amour,

Le temps coule sans cesse,

Et n'a point de retour.

Pendant vôtre jeunesse,

Donnez-vous à l'Amour.

C iij

Troisiéme Couplet.

Si vous estes habile,
Employez bien le temps,

Il n'est rien si fragile
Que les fleurs du Printemps.
Si vous estes habile
Employez bien le temps.

Quatriéme Couplet.

Profitez de vos roses
Pendant qu'il en est bruit,

Le temps qui fait les choses,
Luy-même les détruit.
Profitez de vos roses
Pendant qu'il en est bruit.

Cinquiéme Couplet.

Vôtre cœur le demande
Et vous luy resistez,

Que vôtre erreur est grande
Si vous n'y consentez.
Vôtre cœur le demande
Et vous luy resistez,

Sixiéme Couplet.

Soyez moins rigoureuse
A vos propres desirs,

Une peine amoureuse
Fait naître cent plaisirs.
Soyez moins rigoureuse
A vos propres desirs.

Septiéme Couplet.

Sçavoir qu'on vous adore
N'est pas assez pour vous,

Passez , passez encore
A des plaisirs plus doux.
Sçavoir qu'on vous adoré
N'est pas assez pour vous.

Huitiéme Couplet.

Il faut estre charmée
Quand on peut tout charmer ,

Le plaisir d'estre aimée
Est dans celuy d'aimer.
Il faut estre charmée
Quand on peut tout charmer.

Neuviéme Couplet.

Il vient un temps, Cruelle ,
Qu'on veut ce qu'on ne peut ;

Mais tant que l'on est belle ,
On peut tout ce qu'on veut.
Il vient un temps . Cruelle ,
Qu'on veut ce qu'on ne peut.

Dixiéme Couplet.

De craindre si l'on aime
Que l'on ne soit contraint ,

C'est s'enchaîner soy-même
Et souffrir ce qu'on craint.
De craindre si l'on aime
Que l'on ne soit contraint.

C iv

UN Berger qui m'a sçû plaire,
Basse-Continue.

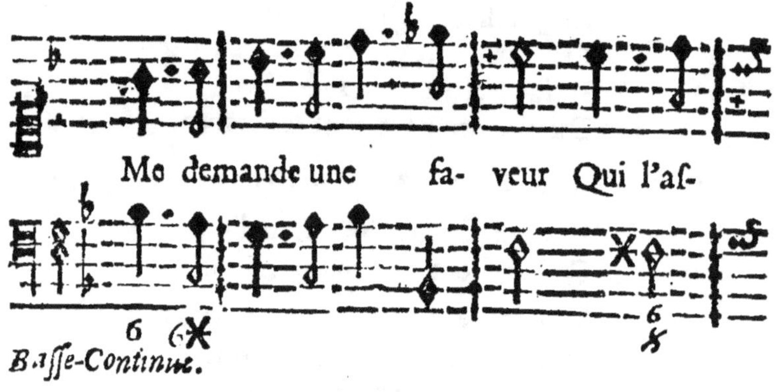
Mo demande une   fa- veur Qui l'af-
B.asse-Continue.

sure   de mon cœur, Mais je   n'ose le
Basse-Continue.

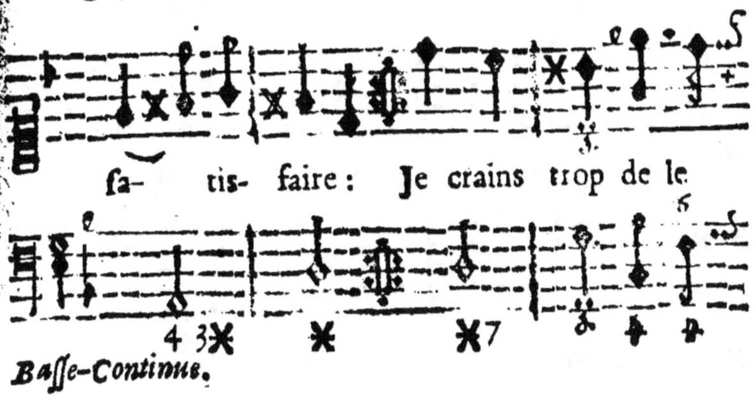
fa- tis- faire: Je crains trop de le
Basse-Continue.

voir changer, Une tendre faveur en-
Basse-Continue.

gage la Ber- ge- re, Et
Basse-Continue.

Basse-Continue.

Basse-Continue.

TRIO.

Sur cet- te char- mante rive
Sur cet- te char- mante rive
Sur cet- te char- mante rive
Le Berger que j'aime tant, L'autre
Le Berger que j'aime tant, L'autre
Le Berger que j'aime tant, L'autre

jour en s'approchant Me dit d'une
jour en s'approchant Me dit d'une
jour en s'approchant Me dit d'une

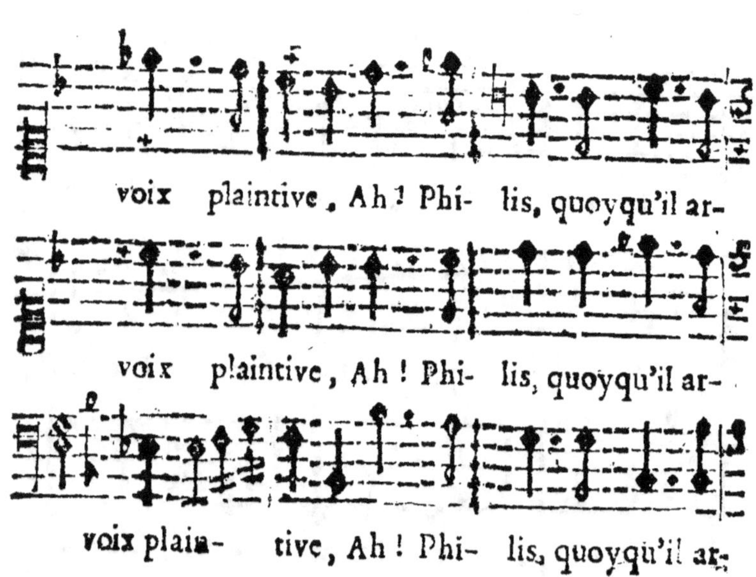

voix plaintive, Ah ! Phi- lis, quoyqu'il ar-
voix plaintive, Ah ! Phi- lis, quoyqu'il ar-
voix plain- tive, Ah ! Phi- lis, quoyqu'il ar-

Second Couplet.

Ah ! si tu n'es point volage,
Luy répondis-je à l'instant ;
Quoyque, pour m'en dire autant,
Tircis vienne en ce Boccage,
Il changera de feüillage,
Sans me voir changer d'amant.

Basse-Continue.

Basse-Continue.

Basse-Continue.

de sa pei-   ne ,   Fait dire
4   3
Basse-Continue.

tour   à tour Aux Echos de la plai-   ne :
6   4 3
Basse-Continue.

Helas ! pourquoy , belle Inhumaine , N'es-tu
4
Basse-Continue.

Second Couplet.

Ses pleurs & ses soûpirs
Que sa douleur enchaîne,
Ont touché les Zéphirs
Qui volent dans la plaine;

Sa voix & les Echos redisent tour à tour:
Helas! pourquoy, belle Inhumaine,
N'es-tu pas sensible à l'amour?

JE n'en fais pas le fin, Il est bien
Basse-Continue.
6   6 5   6

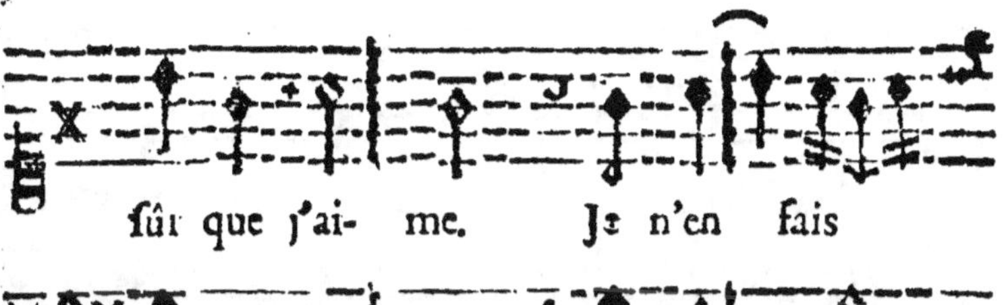
sûr que j'ai- me.   Je n'en fais
Basse-Continue.

pas   le fin, Il est bien sûr que   j'ai-
Basse-Continue.
6 5   4

me. me. Quel se- roit mon des- tin, Si
Basse-Continue.

l'on m'aimoit de mê- me! Je n'en
Basse-Continue.

fois point le fin, Il est bien
Basse-Continue.

Second Couplet.

Jugez par mes soûpirs
De mon ardeur extrême.
Quels seroient mes plaisirs
Si vous aimiez de même !
Jugez par mes soûpirs
De mon ardeur extrême.

D ij

Aimons le ba- di- nage, Joüissons
Basse-Continue.
des plai- sirs; N'attendons pas que
Basse-Continue.
l'â- ge Ait glacé nos de- sirs.
Basse-Continue.

Aimons le badi- nage, Joüissons
Basse-Continue.

des plai- firs. Les amou- reux fou-
Basse-Continue.

pirs Sont maintenant nôtre par-
Basse-Continue.

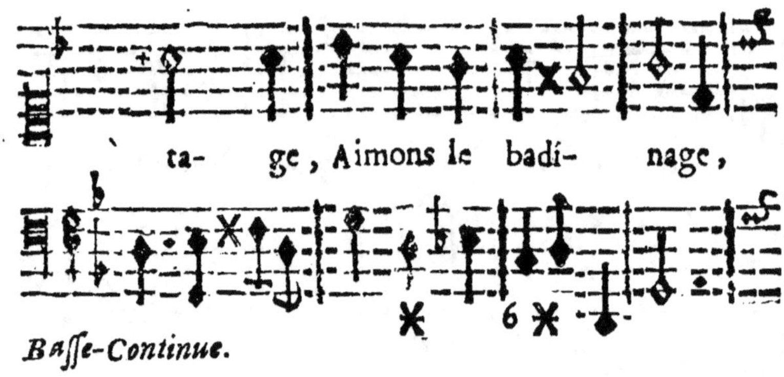

Second Couplet.

Le tems de la jeunesse
Ne dure pas toûjours ,
Celuy de la vieillesse
N'est pas propre aux Amours;
Le tems de la jeunesse
Ne dure pas toûjours.
Profitons des beaux jours ,
Donnons nos cœurs à la tendresse:
Le tems , &c.

Troisiéme Couplet.

Tout deplaît, tout ennuye ,
Lorſque l'on n'aime pas ;
Et la plus douce vie
N'a que de l'embarras :
Tout deplaît , tout ennuye ,
Lorſque l'on n'aime pas ;
Pour moy juſqu'au trépas
J'aimeray l'aimable Silvie :
Tout deplaît , &c.

Quatriéme Couplet.

Ses yeux ont mille charmes
Pour captiver les cœurs ,
Les miens n'ont que des larmes
Que cauſent ſes rigueurs ;
Ses yeux ont mille charmes
Pour captiver les cœurs.
Trop heureux ſi mes pleurs
L'engageoient à rendre les armes !
Mais ſes yeux pleins de charmes,
Dédaignent tous les cœurs.

BRUNETES

DUO.

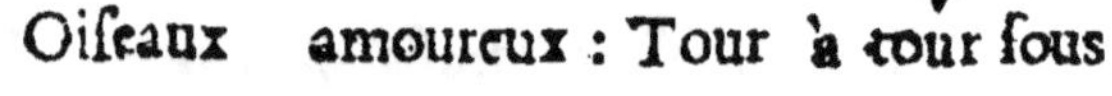

Ah ! le jo- ly ba- di-
Ah ! le joly ba- di-

na- ge , Belle I- ris, Fai-sons comme eux.
na- ge , Belle I- ris, Fai-sons comme eux.

QUand une fois on a senti U-
Basse-Continue.

ne ardeur vive & tendre, L'indiffe-
Basse Continue.

rence est un party Bien diffi- cile à
Basse-Continue.

Basse-Continue.

Basse-Continue.

Basse-Continue.

E ij

Second Couplet.

Pour sortir d'un engagement
En vain l'on dissimule,
Plus on se cache son tourment,
Plus on sent que l'on brûle :
Pour toujours feindre & se trahir,
Qu'il en coûte, Silvie ;
Il faut s'aimer ou se hair,
Le reste de sa vie.

Troisiéme Couplet.

C'eft en vain que, pour me calmer ,
Vous m'offrez vôtre eftime ,
Vous voir encor fans vous aimer ,
Me paroîtroit un crime :
Mon cœur n'y fçauroit confentir ,
Je fens qu'il faut , Silvie ,
Ou vous adorer ou vous fuir
Le refte de fa vie.

Quatriéme Couplet.

Vous aviez approuvé mes vœux ,
Et ne changez peut-être
Que pour brûler de nouveaux feux
Qu'un autre amour fait naitre :
Ah ! quels tourmens à foûtenir !
Combien de jaloufie !
C'en eft fait , je veux vous haïr ,
Le refte de ma vie.

E iij

RONDEAU.

Quelque puisse être un a-mant,
6 6 6 6 6
Basse-Continue.

FIN.

C'est un doux a-musement. Quand il
6 6
FIN.
Basse-Continue.

est constant & sage, On peut l'ai-mer
6 6 6 6 6 6
Basse Continue.

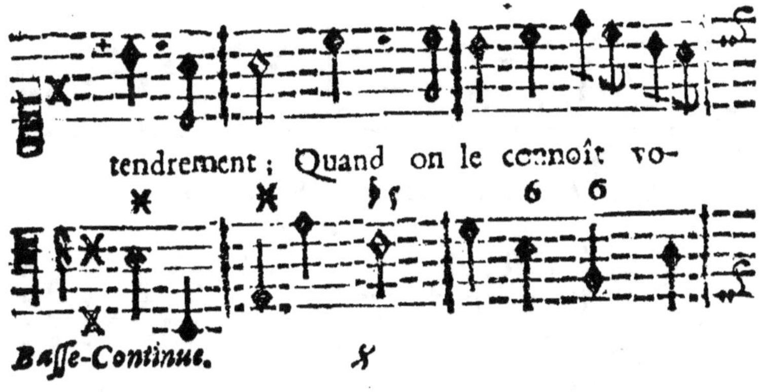
tendrement; Quand on le connoît vo-
Basse-Continue.

lage On s'en tient au ba- di- nage,
Basse-Continue.

Quelque puisse être un amant,
Basse-Continue.

E iij

D V O.

Dans nos champs si fleu- ris & si
6　　6 6
Dans nos champs si fleu- ris & si

beaux, L'Echo, les Ze- phirs & les Oi-
beaux, L'Echo, les Ze- phirs & les Oi-

seaux, Ces Fontaines, ces Prez, ces Ruiſ-
seaux, Ces Fontaines, ces Prez, ces Ruiſ-

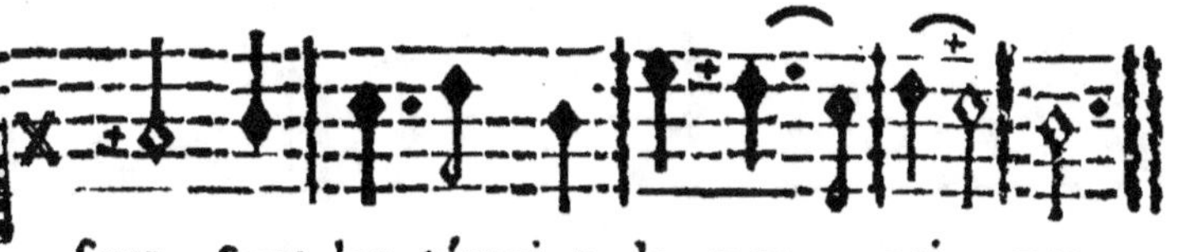

Second Couplet.

Vôtre teint, vôtre bouche & vos yeux
Vous gagnent des cœurs en mille lieux :

Mais ma Belle,
Le mien vaut le mieux,
Car il est le plus fidelle.

Troisiéme Couplet.

Mon Iris, suivons nôtre tendresse,
Passons le temps en ce beau jour.

La jeunesse est faite pour l'amour,
Et l'amour pour la jeunesse.

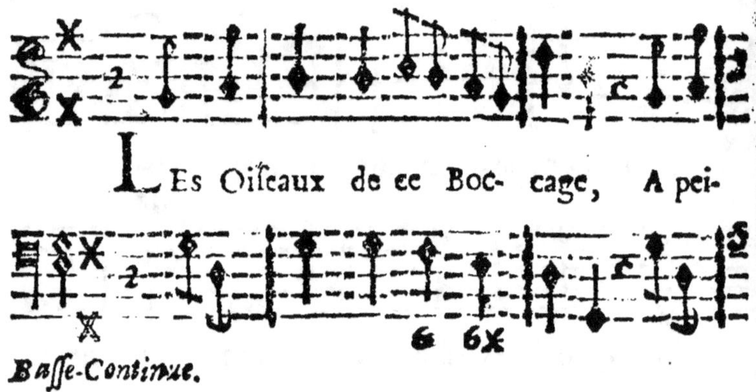

Basse-Continue.

Basse-Continue.

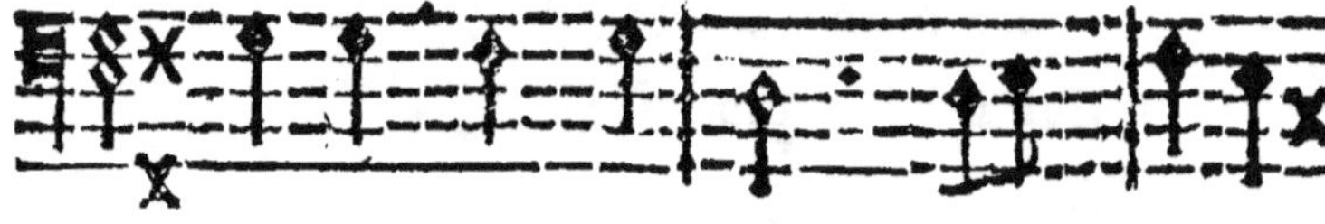

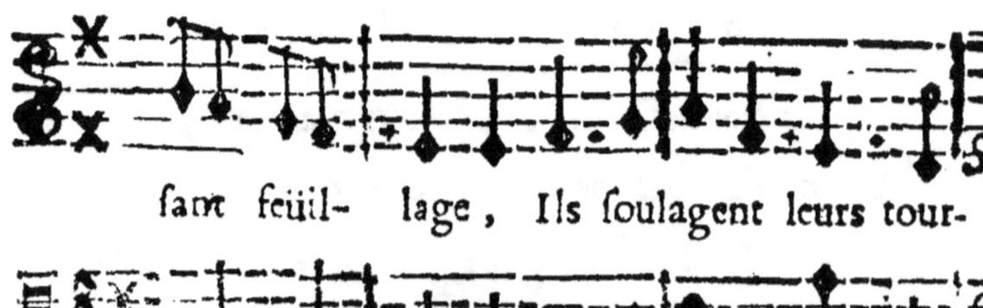

Basse-Continue.

ments.   Jamais, non jamais Lisette,
Basse-Continue.

Mon cœur ne se-   ra con-   tent;
Basse-Continue.

Qu'avec toy des-sus l'her-   bette,
Basse-Continue.

Second Couplet.

N'entends tu pas le ramage
Du Rossignol amoureux?
Il nous dit en son langage;
  Aimez-vous pour être heureux.

En vain la saison nouvelle
Nous ramene les Zéphirs,
  Quand on aime une Cruelle;
On connoît peu ses plaisirs.

L'Autre jour m'allant prome ner,
Basse-Continue.
Ah! mon mal ne vient que d'aimer!
Basse-Continue.
J'entendis la voix d'un Ber- ger,
Basse-Continue.

Qui dit à sa Ber-   ge-   re,
6 6X
Baſſe-Continue.

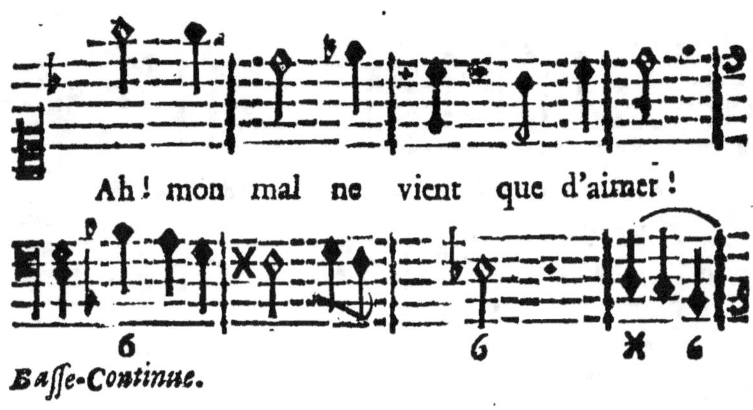

Ah! mon mal ne vient que d'aimer!
6   6   X 6
Baſſe-Continue.

Et vous ne m'aimez gue-   re.
6X   6   4 3X
Baſſe-Continue.

Second Couplet.

Oſeroit-on vous demander,
Ah mon mal ne vient que d'aimer !
Sur vôtre bouche un doux baiſer,
La faveur eſt legere ;
Ah mon mal ne vient que d'aimer !
Et vous ne m'aimez guere.

Tendrement.

core,

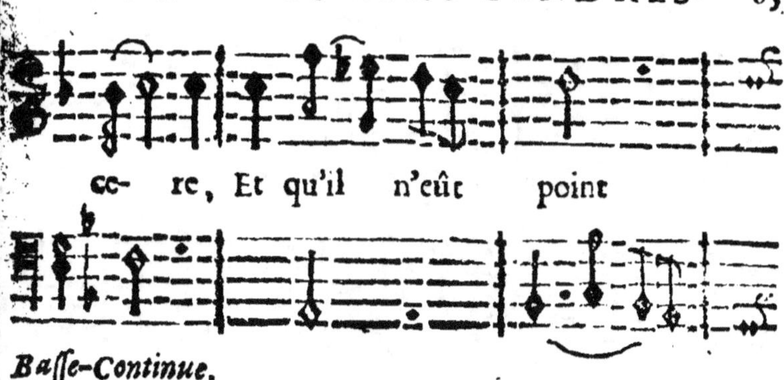
ce- re, Et qu'il n'eût point
Basse-Continue.

l'a- me le- ge- re, Afin de
Basse-Continue.

ne ja- mais chan- ger
Basse-Continue.

TOME III.

Second Couplet.

S'il faut être tendre & sincere,
Philis, pour être vôtre Amant,

Mon cœur doit être vôtre affaire;
Et j'ay trouvé l'art de vous plaire
Puisque j'aime aussi constament,
Que je sçais aimer tendrement.

Troisiéme Couplet.

Je voudrois bien être volage
Pour suivre vôtre changement:

Mais quand sous vos loix on s'engage
Je m'aperçois bien, dont j'enrage,
Que l'on ne peut pas aisément
Eviter vôtre changement.

Puisque ma Berge- re Songe à me
Basse-Continue.

changer : Comme elle est lege- re,
Basse-Continue.

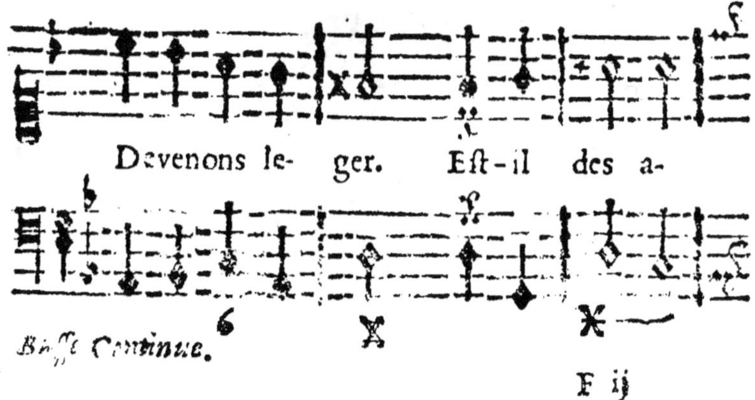
Devenons le- ger. Est-il des a-
Basse Continue.

F ij

Second Couplet.

Quand je veux me plaindre
De son changement,

L'Ingrate sans feindre
Me dit fierement,

Est il des amours
Qui durent toûjours ?

TRIO.

Tircis di-soit l'autre jour En ca-
Tircis disoit l'autre jour En ca-
Tircis disoit l'autre jour En ca-

ressant sa Ber- gere : Le Prin-
ressant sa Ber- gere : Le Prin-
ressant sa Ber- gere : Le Prin-

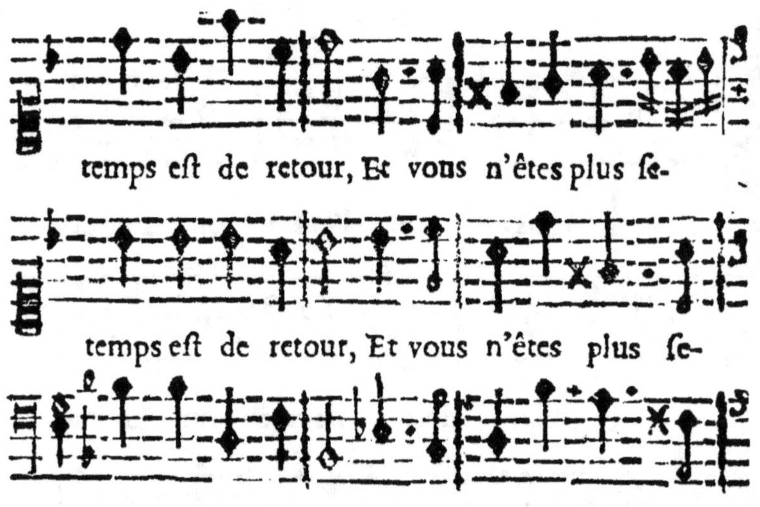

temps est de retour, Et vous n'êtes plus se-
temps est de retour, Et vous n'êtes plus se-
temps est de retour, Et vous n'êtes plus se-

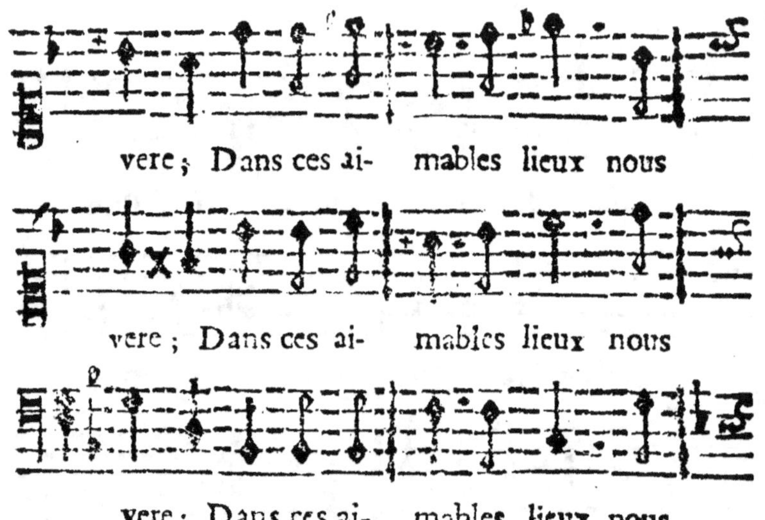

vere; Dans ces ai-　mables lieux nous
vere; Dans ces ai-　mables lieux nous
vere; Dans ces ai-　mables lieux nous

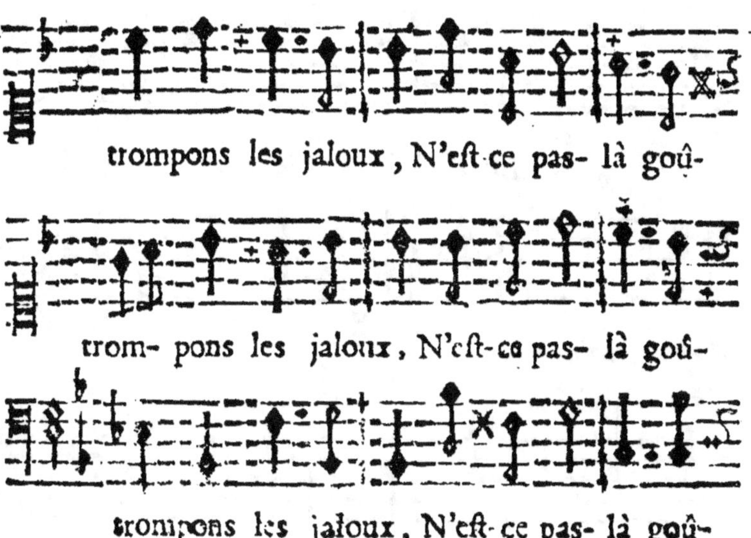
trompons les jaloux, N'est-ce pas- là goû-
trom- pons les jaloux, N'est-ce pas- là goû-
trompons les jaloux, N'est-ce pas- là goû-

ter les plai- sirs les plus doux?
ter les plaisirs les plus doux?
ter les plaisirs les plus doux?

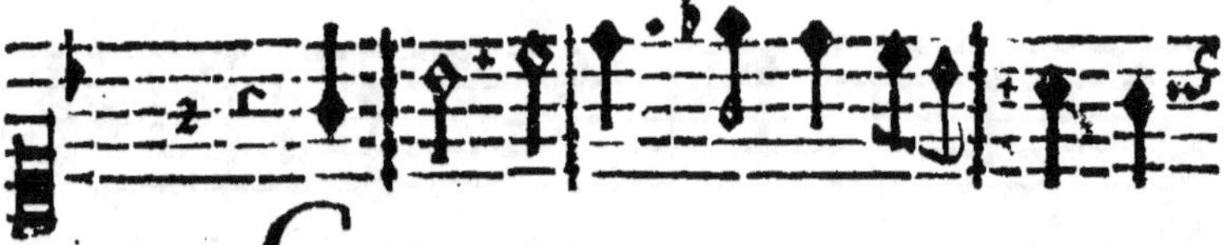

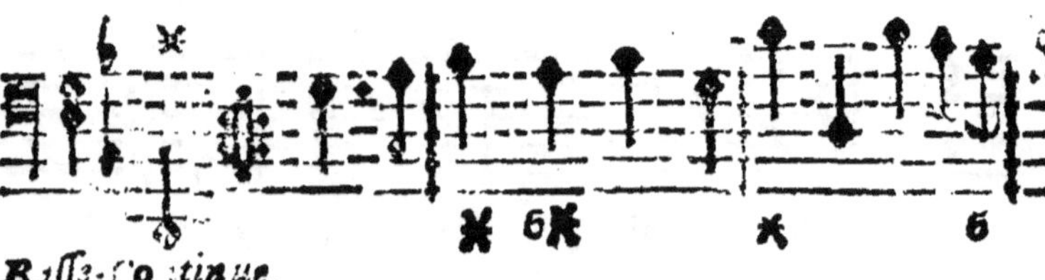

CEssez, Iris, De regret- ter le

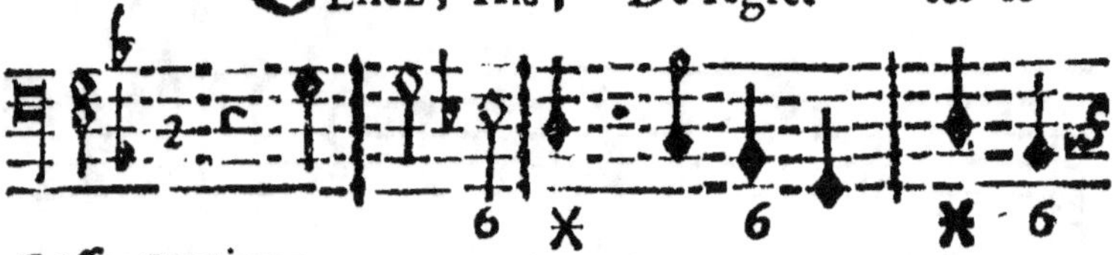

Basse-Continue.

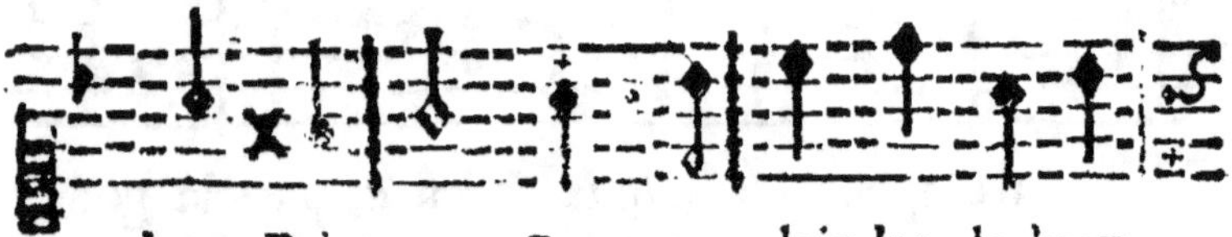

doux Printemps, Pourquoy plaindre le beau

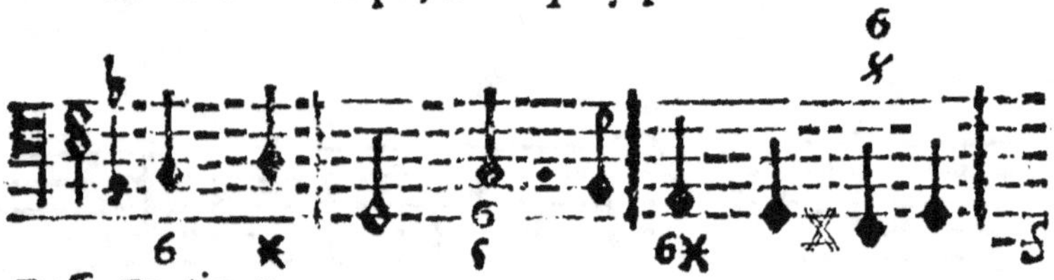

Basse-Continue.

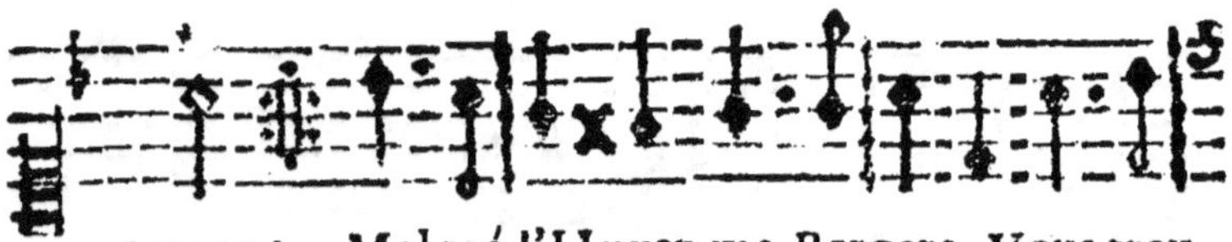

temps? Malgré l'Hyver, ma Bergere, Vous trou-

Basse-Continue.

verez

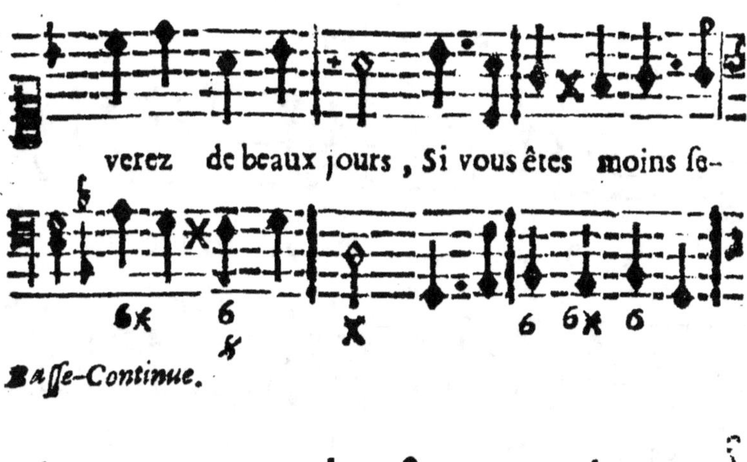
verez   de beaux jours , Si vous êtes moins fe-
6x   6
x   6 6x 6
Basse-Continue.

vere , Vous trouverez   de beaux   jours ,
6 6x   6
x
Basse-Continue.

Parmy   les ten-   dres amours.
6   6x 6 x
Basse-Continue.

Second Couplet.

ve- rez de beaux jours,
Par- mi les ten- dres Amours.

Rien n'est si char- mant que Li-
Basse-Continue.
6

set- te, On ne peut resis- ter Au bril-
Basse-Continue.

lant de ses yeux : La na-
76
Basse-Continue.

ture l'a fai- te Tou- te par-
Basse-Continue.

fai- te; Mais he- las! je n'en
Basse-Continue.

suis pas mieux. La nature l'a
Basse-Continue.

G iij

fai- te Toute par- fai- te;
6 4 3
Basse-Continue.

Mais he- las! Je n'en suis
7 4
Basse-Continue.

pas mieux.
6 4 3
Basse-Continue.

DUO.

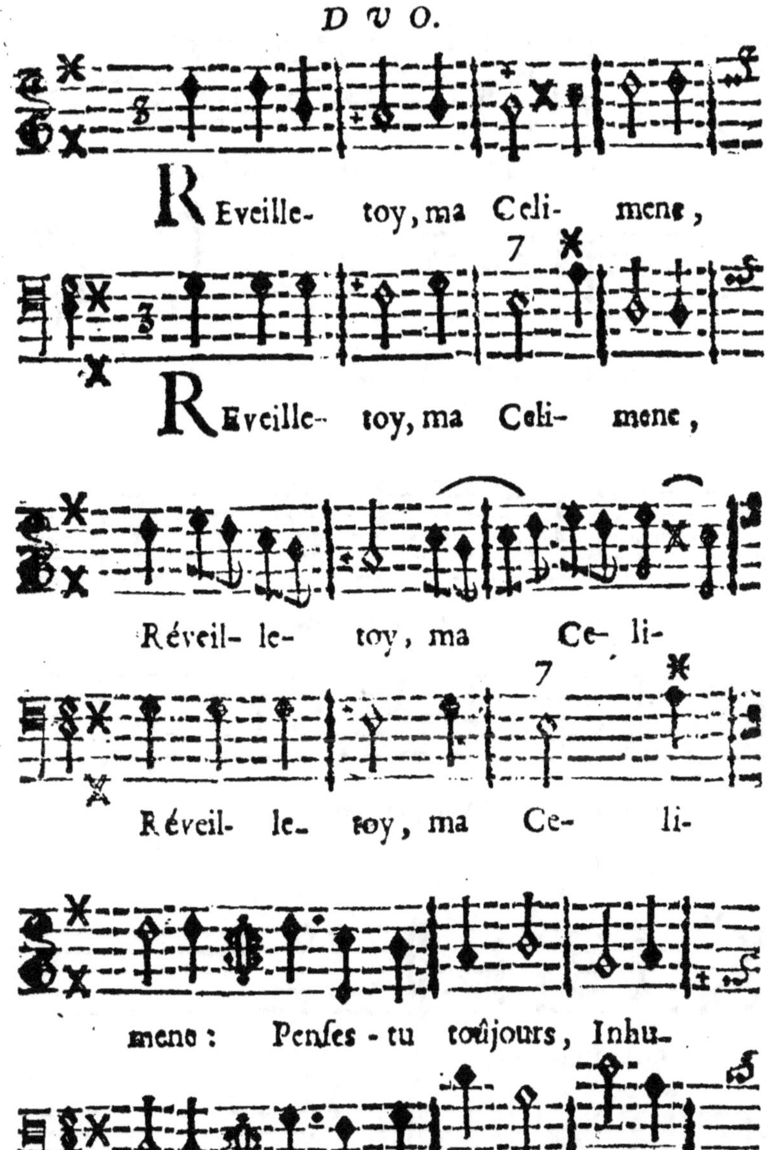
REveille- toy, ma Celi mene,
REveille- toy, ma Celi mene,
Réveil- le- toy, ma Ce li-
Réveil- le- toy, ma Ce- li-
mene: Penses - tu toûjours, Inhu-
mene: Penses - tu toûjours, Inhu-

G iv

maine,   Dor- mir ain-   si Sans nulle
maine,   Dormir ain-   si Sans nulle
6

peine,   Dor- mir ain-   si Sans
peine,   Dormir ain-   si Sans
6

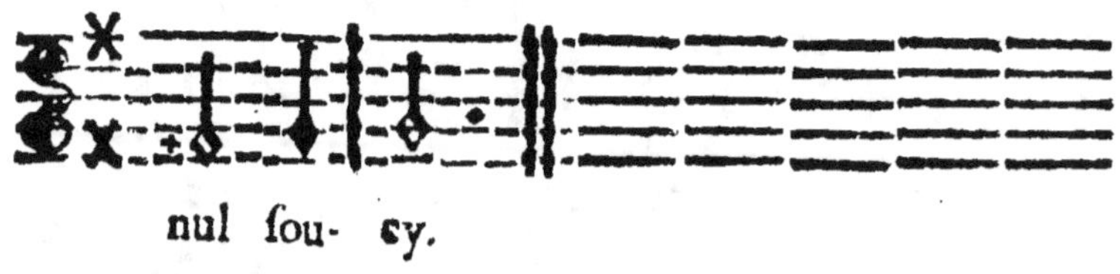
nul fou- cy.

nul fou- cy.

Second Couplet.

Tandis que tu reposes , *bis.*

A quoy servent ces belles choses ?
    On voit tes lys ,
    Avec tes roses ,
    On voit tes lys ,
    Ensevelis.

Troisiéme Couplet.

Mon cœur qui pour toy s'interesse , *bis.*
Ne peut voir couler en paresse
    Tes plus beaux jours
    Et ta jeunesse ,
    Tes plus beaux jours ,
    Sans les Amours.

Quatriéme Couplet.

Permets lorsque le temps te trompe , *bis.*
Pour rendre à tes beaux yeux leur pompe ,
    Jeune Soleil
    Que j'interompe ,
    Jeune Soleil ,
    Ton doux sommeil.

BEautez, à qui l'on jure une ar-
Basse-Continue.

deur éter- nel- le On vous trompe, il n'eſt
Basse-Continue.

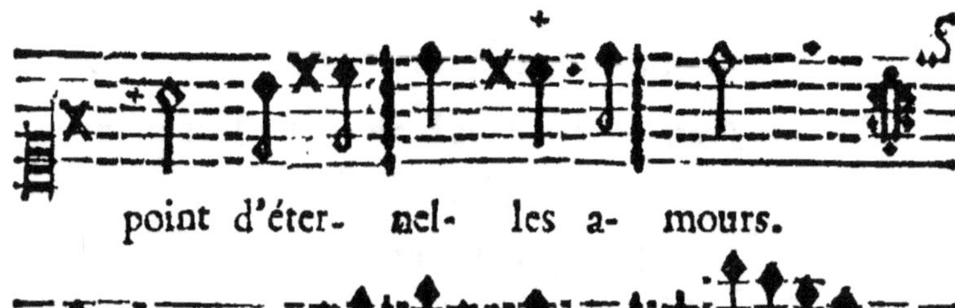
point d'éter- nel- les a- mours.

Basse-Continue.

mours. Ma flâme pour Philis n'a du-
Basse-Continue.
ré que deux jours, Et de tous les A-
Basse-Continue.
mants je suis le plus fidel- le.
Basse-Continue.

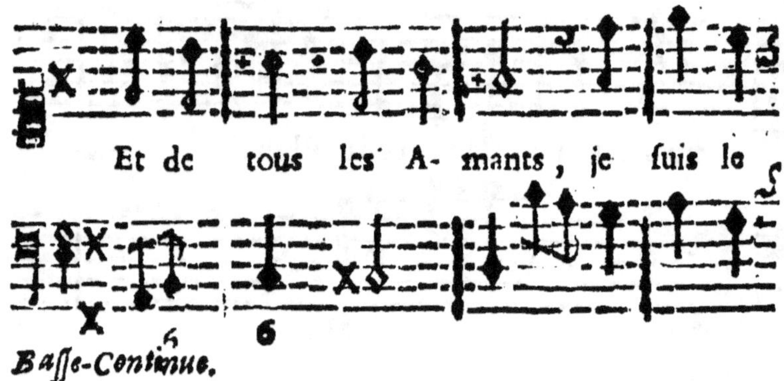

Et de   tous les A- mants , je suis le
Basse-Continue.

plus fi- del-   le.
Basse-Continue.

DUO.

Baffe-Continue.

Baffe-Continue.

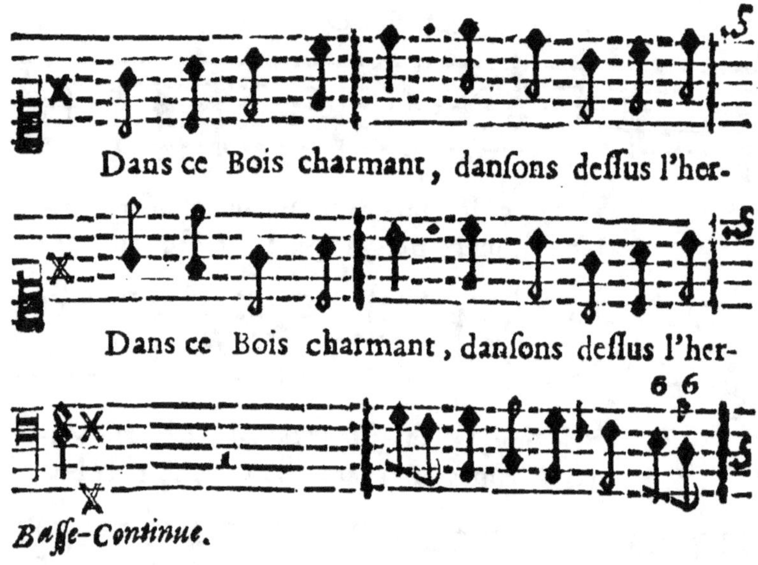
Dans ce Bois charmant, danſons deſſus l'her-
Dans ce Bois charmant, danſons deſſus l'her-
6 6
Baſſe-Continue.

bette, Ne ſongeons plus à nos tendres amours;
bette, Ne ſongeons plus à nos tendres amours;
6
Baſſe-Continne.

Inventons des jeux, chantons la chansonnette,
Inventons des jeux, chantons la chansonnette,
Basse-Continue.
6 6

Et passons ainsi nos plus ai- mables jours.
Et passons ainsi nos plus ai- mables jours.
Basse-Continue.
6 6 6
4 4 5

T R I O.

Colin di-soit à sa Bergere,
Colin di-soit à sa Bergere,
Colin di-soit à sa Bergere,
Pressé d'un amour sans é-gal:
Pressé d'un amour sans é-gal:
Pressé d'un amour sans é-gal:
Morgué

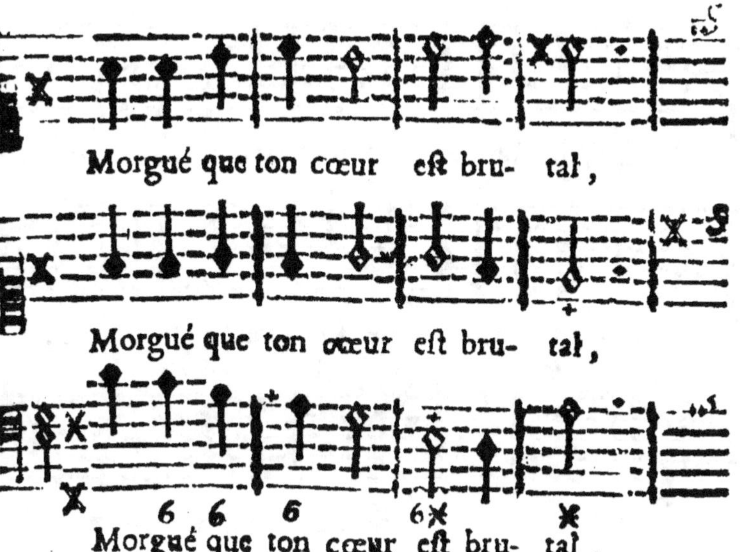

Morgué que ton cœur est bru- tal,
Morgué que ton cœur est bru- tal,
Morgué que ton cœur est bru- tal,

Tu te mets toûjours en co- lere,
Tu te mets toûjours en co- lere,
Tu te mets toûjours en co- lere,

Là, là Catin, ne sois pas si se- vere,
Là, là Catin, ne sois pas si se- vere,
Là, là Catin, ne sois pas si se- vere,

Colin ne te veux point de mal.
Colin ne te veux point de mal.
Colin ne te veux point de mal.

Qu'un Ber- ger tendre, Peut nous sur-
Basse-Continue.

prendre ! Helas ! helas ! que je
Basse-Continue.

crains un Amant ! Quand il sçait plaire,
Basse-Continue.

Une Ber- gere Malaise- ment Refif.
Baffe-Continue.

te à fon tour- ment, En badi-
Baffe-Continue.

nant. En badi- nant.
Baffe-Continue.

Second Couplet.

Que l'amourette
D'une folette
Est dans nos jours un doux amusemens:
Quand on s'ennuye,
Une Silvie,
En badinant
Nous fait passer le temps,
Doucement.

LE Berger que j'ai- me tant,
Basse-Continue.
6� 6

S'est decla- ré mon amant : Il m'a don-
Basse-Continue.
7

né sa Mu- sette Pour gage de
Basse-Continue.
6

son amour, Ah ! que fou- vent
Baſſe-Continue.

ſur l'herbette, Nous en joüi- rons
6 6 6 6
Baſſe-Continue.

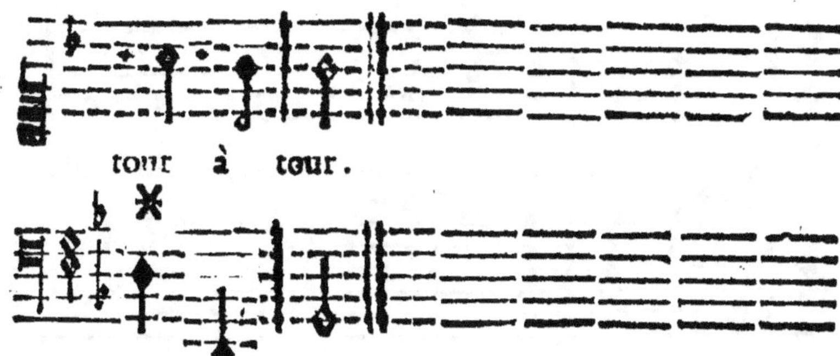
tour à tour.
Baſſe-Continue.

DUO.

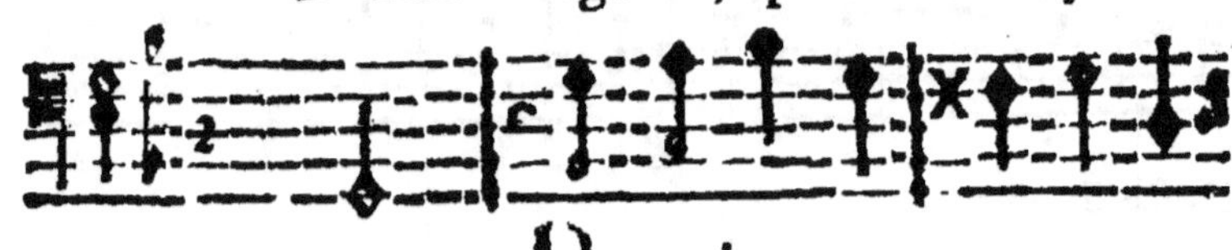

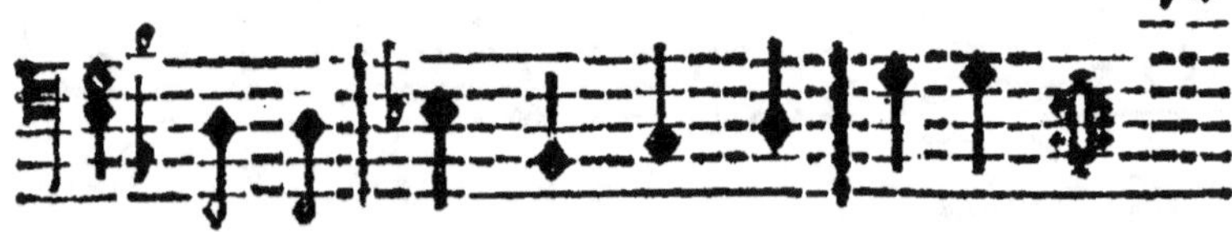

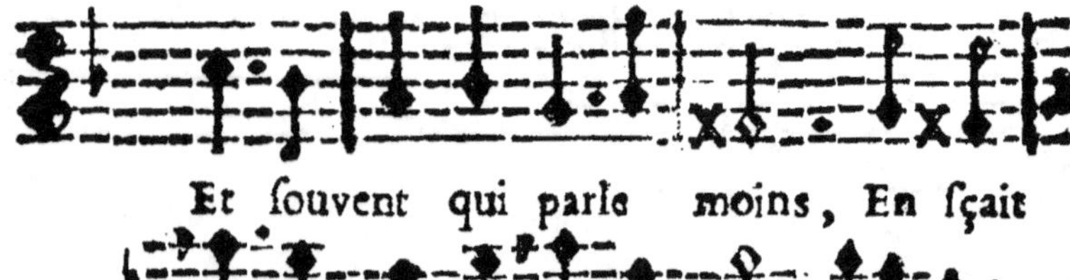

Et souvent qui parle moins, En sçait

dire

Second Couplet.

Aimer sans se declarer
Est un trop foible langage,
Un Amant qui sçait aimer
Doit s'expliquer davantage,
Souvent qui n'ose parler
Perd tout pour trop ménager.

UN peu d'amour est né- cel- faire,
Basse-Continue.

C'est un charmant a- mu- fement.
Basse-Continue.

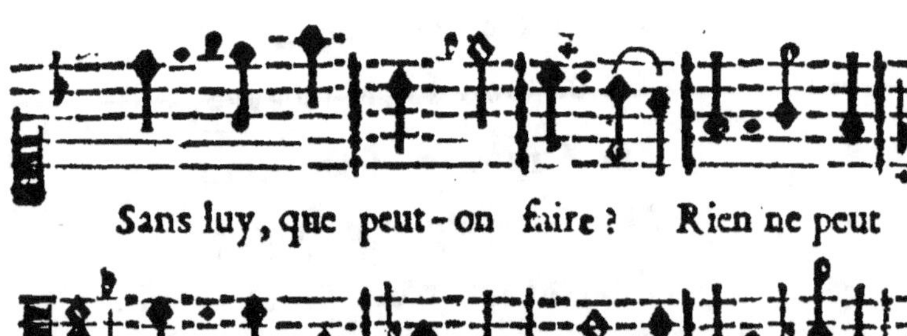
Sans luy, que peut-on faire ? Rien ne peut
Basse-Continue.

plai-   re, La vi- e est un   tour-
Basse Continue.

ment.   Un peu d'amour est né- cef-
Basse-Continue.

faire,   C'est un charmant   a-
Basse-Continue.

I ij

Second Couplet.

Tircis un jour las de se taire,
Disoit à Philis tendrement :

Si tu n'étois point fiere,
Belle Bergere,
Tu me dirois souvent :
Un peu d'amour est néceſſaire,
C'eſt un charmant amuſement.

SARABANDE

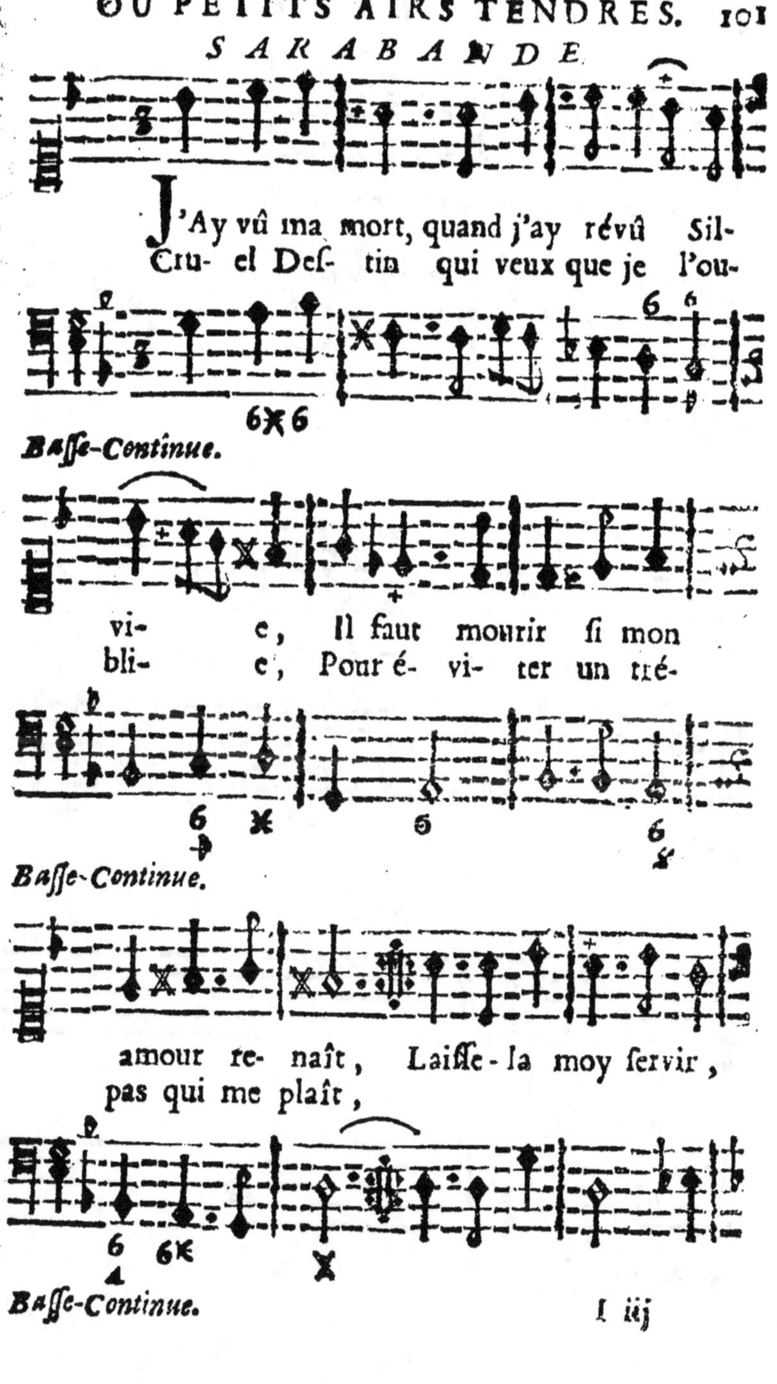

I iij

Pour m'en ô- ter l'en- vi- e ;
Baſſe-Continue.

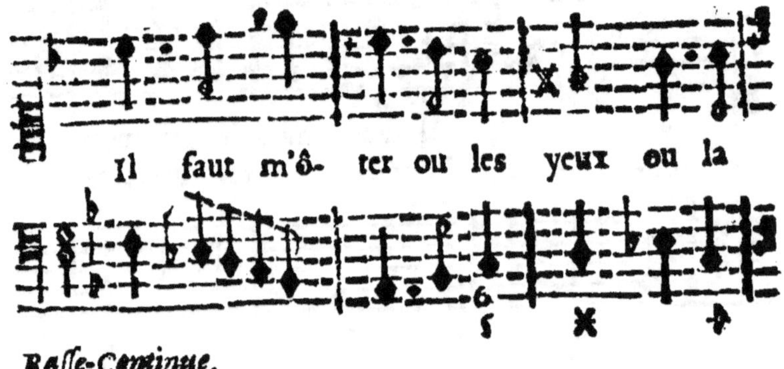

Il faut m'ô- ter ou les yeux ou la
Baſſe-Continue.

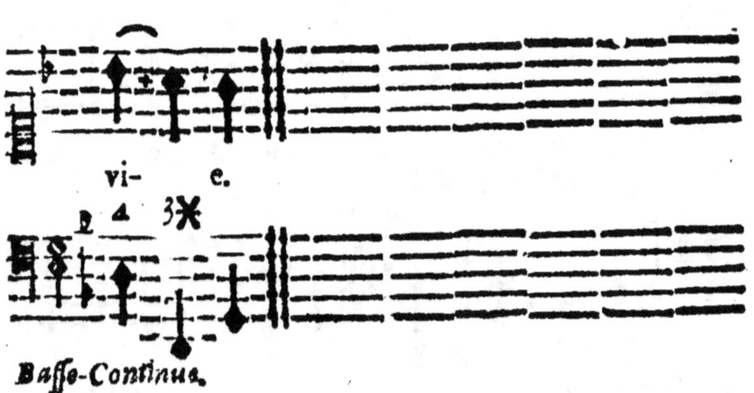

vi- e.
Baſſe-Continue.

TRIO.

QUand Nanette Prend sa Houlette,
QUand Nanette Prend sa Houlette,
QUand Nanette Prend sa Houlette,

Tout languit, tout est triste au Hameau.

Tout languit, tout est triste au Hameau.

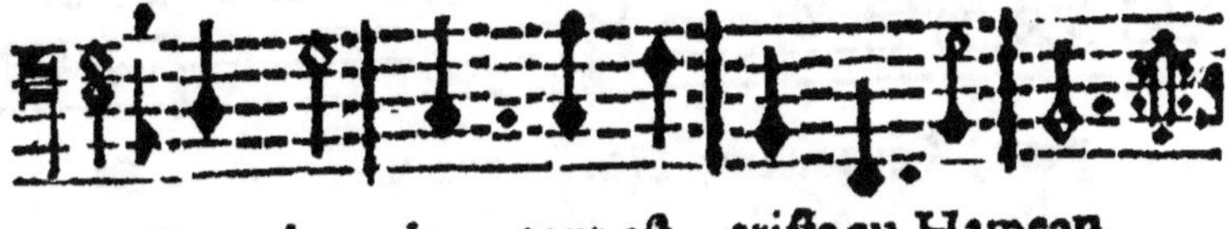
Tout languit, tout est triste au Hameau.

I iv

Mais voit - on reve - nir son Trou-
Mais voit - on reve - nir son Trou-
Mais voit - on reve - nir son Trou-

peau, Tout rit au Hameau; Et
peau, Tout rit au Hameau; Et
peau, Tout rit au Ha- meau; Et

cha- que Mu- fette, D'ai-
cha- que Mu- fette, D'ai-
cha- que Mu- fette, D'aile &de

fe & de plaifir repe- te un Air nouveau.
fe & de plaifir repe- te un Air nouveau.
plai- fir repe- te un Air nouveau.

SOngez Berge- re, Quand vous charmez,
Basse-Continue.

Que c'est peu faire,   Si vous n'aimez :
Basse-Continue.

Sans vous def- fendre, Il faut vous rendre,
Basse-Continue.

Dés qu'un Amant, Sçait aimer constam-
Basse-Continue.
ment.
Basse-Continue.

SARABANDE.

A Maril- lis, je renon- ce à vos
Prés de Phi- lis je verse moins de
Basse-Continue.
char- mes, Vous me trai- tez a- vec
lar- mes, Un seul soû- pir luy peut
Basse-Continue.
trop de rigueur, Je ne cours pas toûjours
toucher le cœur:
Basse-Continue.

Second Couplet.

On dit par tout que vous êtes plus belle,
Que vôtre esprit est au dessus du sien,
Mais au moment que je brûlay pour elle,
Son feu parût, il égala le mien :

Est-il rien de plus doux que d'aimer qui nous aime ?
Voulez-vous être aimée ? aimez de même ?

Tir- cis au bord d'un Ruiſſeau,
Baſſe Continue.
Deſſus l'herbet- te, Ac- cordoit
Baſſe-Continue.
au bruit de l'eau, Son Chalu- meau :
Baſſe-Continue.

Et disoit sur son Pi- peau,
Basse-Continue.

La Chanson- sonnette Qu'il a fai-
Basse-Continue.

te de nouveau, Pour I- sabeau.
Basse-Continue.

Second Couplet.

Isabeau , cœur endurcy ,
　　Fille cruelle ,
Eh ! ne fronce point ainsi
　　Ton beau sourcy.

Quand tu as l'œil adoucy ,
　　Tu es plus belle ;
Pour bannir tout mon soucy ,
　　Vien-t'en icy.

Troisiéme Couplet.

Vien passer le chaud du jour
　　Sous cet ombrage .
Où l'eau fait un beau détour
　　Tout à l'entour.

Les Oiseaux s'y font la cour
　　En leur langage ,
Et se disent tour à tour ,
　　Des chants d'amour.

Quatriéme Couplet.

Hier ton Troupeau s'écartant
　　Reçût dommage ,
Mais il ne faut pas pourtant
　　T'en fâcher tant.

Dans le mien prens-en autant
　　Ou davantage ,
Tu le peux , en m'écoutant
　　Un seul instant.

· Cinquiéme

Cinquième Couplet.

Icy regne un petit frais
   Qui frise l'onde ;
Icy du Soleil les rays
   N'entrent jamais.

Le feüillage y est épais,
   L'herbe y abonde,
Ton Troupeau, si tu l'y pais,
   Y aura paix.

Sixiéme Couplet.

La neige de ton beau sein
   A l'œil fait peine,
Et le seul blanc de ta main
   Est aussi fin.

De Marjolaine & de Thin
   Est ton haleine ;
La Rose & le Lys enfin
   Forment ton teint.

Septiéme Couplet.

Faut-il à tant de beauté
   Tant de malice ?
Avois-je donc merité
   D'être enchanté ?

Je diray la verité
   A la justice,
Du sort que tu m'as jetté,
   S'il n'est ôté.

K

Suite en D la ré.

La nuit de ses sombres voiles   Couvre
6   6   4   6
Basse-Continue.

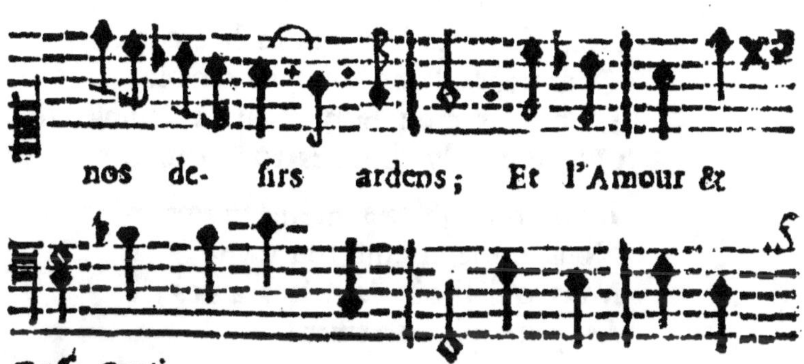

nos de-sirs ardens; Et l'Amour &
Basse-Continue.

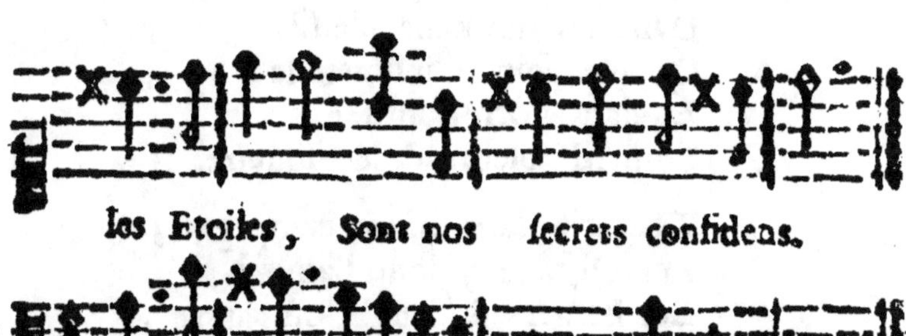

les Etoiles, Sont nos secrets confidens.

6 6x   43x
Basse-Continue.

K ij

Second Couplet.

Mon cœur est sous vôtre loy
Et n'en peut aimer un autre,
Laissez-moy voir dans le vôtre
Ce qui s'y passe pour moy.

La nuit est calme & profonde,
Nul ne vient mal-à-propos ;
Le repos de tout le monde
Assûre nôtre repos.

Troisiéme Couplet.

Nous sommes bien moins heureux,
Charmante Iris, qu'il ne semble,
L'on nous croit bien mieux ensemble
Que nous n'y sommes tous deux.

L'on croit qu'une même flâme
Nous cause même tourment,
Mais qui liroit dans nos ames,
Le penseroit autrement.

Quatriéme Couplet.

Dans les innocens plaisirs
On n'a point d'inquietude,
Et dans nôtre solitude
Point de pleurs & de soûpirs.

Tout rit dans nôtre campagne ;
Les Oiseaux y font l'amour,
Les Bergers & leur Compagnes,
En font de même à leur tour.

Lorfqu'à mes vœux la belle I-   ris con ma
Je fais def. fein au fort de   ma co
Baffe-Continue.
trai-   re,   Se rit   des maux que je
le-   re,   De la   quitter,   & j'en
Baffe-Continue.
fouf-   fre en l'aimant;   Mais des fer-
fais   un ferment.
Baffe-Continue.

ments que le de- pit fait faire
6
6 4
6
4 3
Basse-Continue.
Contre un Objet qu'on aime che- re-
6 x
Basse-Continue.
ment, Autant en empor- te le vent.
x
6 x
Basse Continue.

Second Couplet.

Quoy de nos cœurs l'amoureuse défaite
A vos beaux yeux cause si peu de temps,
Et vous songez à faire la retraite
Quand vous avez assassiné les gens.

N'en craignez point de vengeance secrette,
Belle Philis, demeurez en ces lieux,
On le pardonne à vos beaux yeux.

Troisiéme Couplet.

Je vous apprens, si vôtre cœur l'ignore,
Que des Amants icy l'on a le choix,
Et que pour être une brillante Aurore,
Vous ferez peu de progrés dans nos Bois.

Quand vous seriez la rivale de Flore,
Et que le Zephir deviendroit vôtre Amant,
Helas! vous n'auriez que du vent.

Quatriéme Couplet.

Un peu d'amour & beaucoup de fleurette,
Quelques soûpirs, une feinte langueur,
D'Amarillis, cette beauté parfaite,
En peu de temps m'auroient acquis le cœur.

Mais posseder le cœur d'une Coquette,
Dont la foy s'engage à tout moment,
Autant en emporte le vent.

A L'ombre d'un Buif- fon La
Baffe-Continue.
6   6
8   4
3

Bergere Li- fette,   Re- petoit la Chan-
6   X   6
Baffe-Continue.

fon Que Tircis avoit   faite, Sur fes at-
Baffe-Continue.

traits

traits vainqueurs Qui gagnent tous les cœurs.

Basse-Continue.

Second Couplet.

Mille petits Oiseaux
Qui dans le verd boccage,

Au murmure des eaux
Méloient leur doux ramage,
Pour la mieux écouter
Cefferent de chanter.

Troisiéme Couplet.
Mais bien-tôt elle fût
Sans voix & sans haleine,

Dés lors qu'elle apperçût
Son Berger dans la plaine,
Qui deffus l'herbe affis,
En contoit à Cloris.

Quatriéme Couplet.
La Bergere foudain
Témoigna fa colere,

Et forma le deffein,
Voulant fe fatisfaire,
De ne jamais fonger
A ce lâche Berger.

PEtits Agneaux, si vous errez sans
Basse-Continue.

maître   Dans ces tristes deserts, à
Basse-Continue.

la mercy des Loups ;   Si le Berger Tir-
Basse-Continue.

cis ne vous mene plus paî-   tre,
Basse-Continue.

He-   las !   il est en-   cor plus à
Basse-Continue.

plaindre que vous.
Basse-Continue.

Second Couplet.

pou- voit - il luy di-
re de plus doux ?

Dieux des Enfers, Helas! voyez mes
peines, Celle que je sers, Languit dans vos
chaî- nes. Ah! forcez du trépas
Basse-Continue.
Basse-Continue.
Basse-Continue.

Les loix cruel. les, Et ne fe-
Basse-Continue.

parez pas Deux cœurs fi- del- les;
Basse-Continue.

Ou rompez ses liens, Ou brisez les
Basse-Continue.

L. iv

Second Couplet.

Je viens ſans horreur
Dans vos Palais ſombres,
Braver la Terreur,
La Mort & les Ombres;

Tous les maux qu'aux Enfers
Souffrent les Ames,
Sont moindres que mes fers
Et que mes flâmes.
Les plus cruels tourments
Sont ceux des Amants.

Troisiéme Couplet.

O vous dont les loix
Ont détruit tant de charmes,
Ecoutez ma voix
Et voyez mes larmes.

Par un fort rigoureux
Plus que les autres,
L'Objet de tous mes feux
Est dans les vôtres.
Et le jour qui me luit,
N'est plus qu'une nuit.

Quatriéme Couplet.

Beaucoup d'Amants,
Heureux en vos chaînes,
Flattent leurs tourments
En disant leurs peines.

Le mal est en aimant
De se contraindre,
Qui se plaint librement
N'est guere à plaindre.
Tel meurt pour vos appas,
Qui ne le dit pas.

Cinquiéme Couplet.

Mais pourquoy souffrir
Et pourquoy se contraindre?
Tâchons de guerir,
Mon cœur, c'est trop feindre :

Plaignons-nous tout de bon
De la Cruelle,
Mais las ! elle a raison
Puis qu'elle est belle ;
Et moy je n'ay pas tort,
D'éviter la mort.

Sixiéme Couplet.

Pour un moment
Souffrez, belle Inhumaine,
Qu'un fidelle Amant,
Vous conte sa peine.

Peut-être qu'au recit
De sa misere . . .
Mais las ! j'en ay trop dit,
Cét œil severe
Me dit qu'il faut souffrir,
Se taire, & mourir.

SARABANDE,

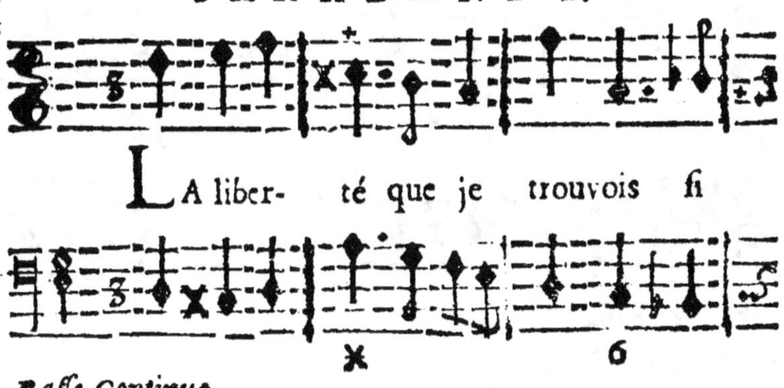

Basse-Continue.

Basse-Continue.

Basse-Continue.

el-   le, C'eſt un tourment   qui du-
Baſſe-Continue.

re plus d'un jour ;   Mais c'en eſt un plus
Baſſe-Continue.

grand de vivre ſans   amour.
Baſſe-Continue.

Second Couplet.

Vous ne voulez que respect & qu'estime,
Et vous aimer c'est courir au trépas :

Hébien, Philis, je crois que c'est un crime
D'oser aimer tant de divins appas.
Mais c'en est un plus grand de vivre & n'aimer pas.

C'Est un piege que l'a-   mour, Où cha-
Basse-Continue.
6 6

cun se laisse   prendre , C'est un   piege
Basse-Continue.
4 3   6 6

que l'a-   mour, Où chaeun tom- be à son
Basse-Continue.
6   6   5

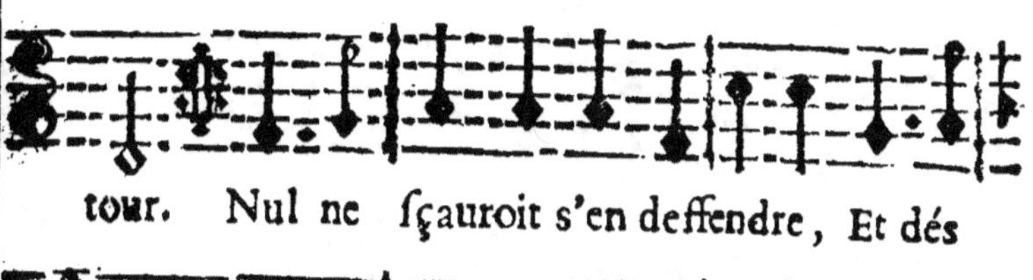

Baſſe-Continue.

Baſſe-Continue.

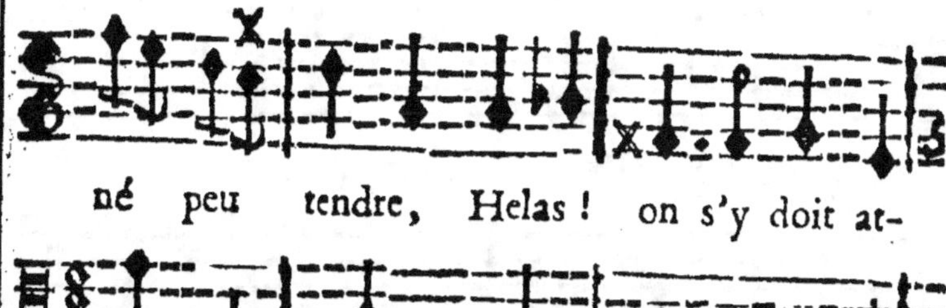

Baſſe-Continue.

tendre. C'est un piege que l'a- mour,
Basse-Continue.

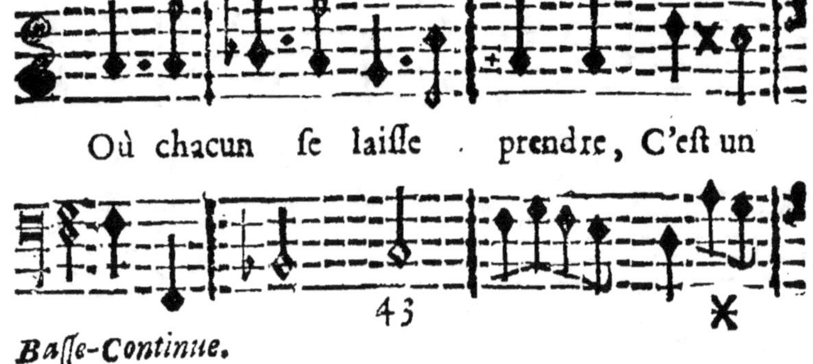

Où chacun se laisse prendre, C'est un
Basse-Continue.

piege que l'a- mour, Où cha-
Basse-Continue.

cun

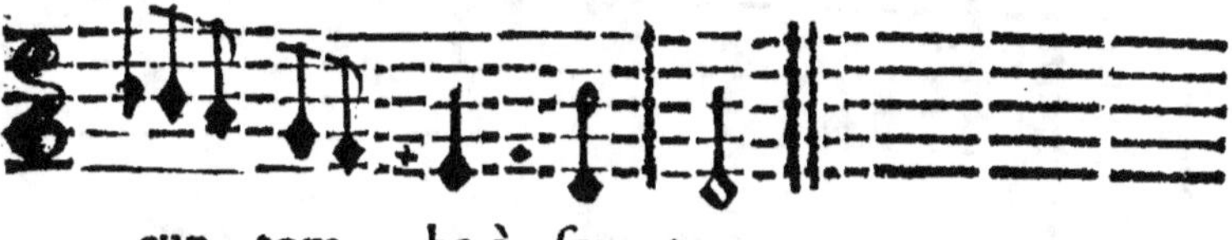

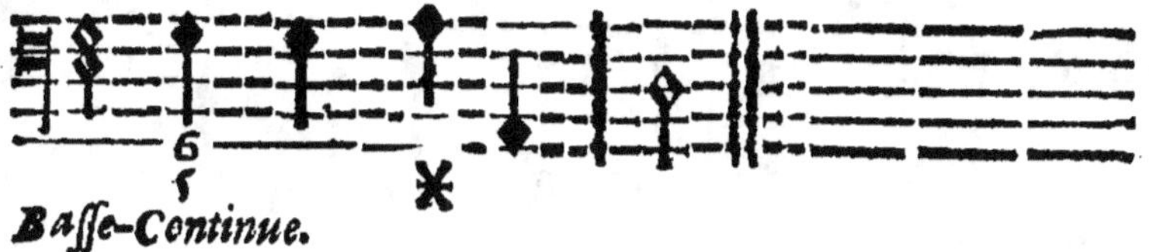

Basse-Continue.

Pourquoy vous mettre en co-   lere,
Basse-Continue.
6 . 6   6X
Quand on   aime   vos ap-   pas:
Basse-Continue.
6
Vous vous fâcheriez, Bergere,   Si l'on
X
X   4X   6 6X   6
Basse-Continue.

ne les aimoit pas. Vous vous fâche-
Basse-Continue.

riez, Ber- gere, Si l'on ne les
Basse-Continue.

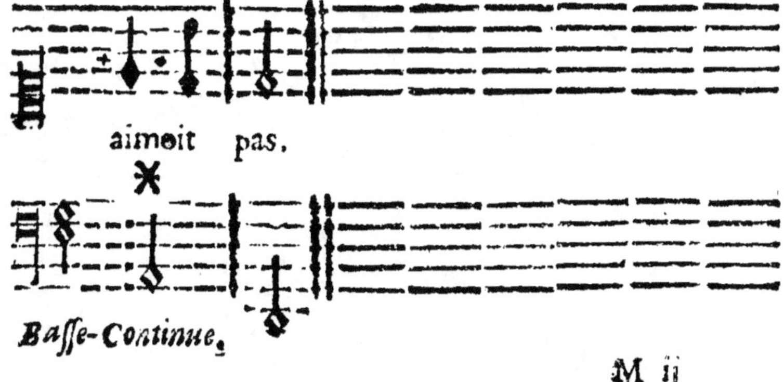

aimoit pas.
Basse-Continue.

Second Couplet.

Souffrez ma flâme difcrette,
Objet plus beau que le jour :

Puifque la beauté n'eft faite
Que pour donner de l'amour
Puifque la beauté n'eft faite
Que pour donner de l'amour.

Troifiéme Couplet.

Si l'on vous fâche, la Belle,
Quand on dit qu'on meurt pour vous :

La nature fût cruelle,
Vous donnant des traits fi doux,
Vous devez vous plaindre d'elle,
Philis, & non pas de nous.

DUO.

Tout rit, tout chante, Tout
Tout rit, tout chante, Tout

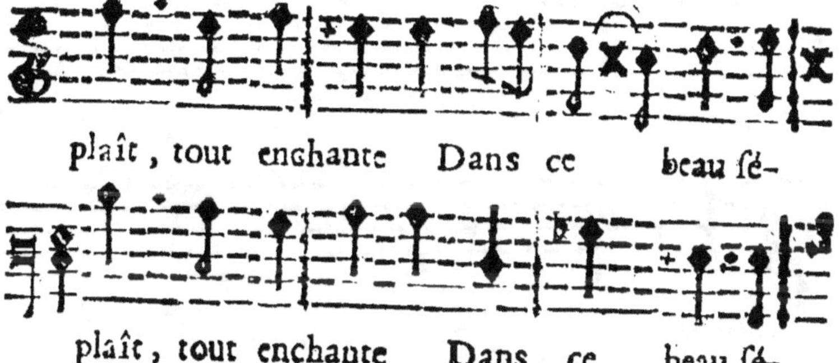
plaît, tout enchante Dans ce beau sé-
plaît, tout enchante Dans ce beau sé-

jour : Qu'y prétens-tu faire, Fo-
jour : Qu'y prétens-tu faire, Fo-

lette Ber- gere ? Seu-, lette & sans a-
lette Ber- gere ? Seu- letto & sans a-

mour ?
mour ?

Tircis carof-   foit Cli- mene , Sans y
Mais ce ne fût   pas fans peine Qu'il luy

Baffe-Continue.

man- quer   un feul jour ;   Bien qu'el-
don- na   de l'amour.

Baffe-Continue.

le parût fe- vere,   Il en vint en-

Baffe-Continue.

Second Couplet.

Quand un Amant a l'adreſſe
De ſçavoir bien ménager
Le tendre de ſa Maîtreſſe,
Il prend l'heure du Berger.

La Belle la plus ſevere
Se laiſſe pouſſer à bout,
Quand un Amant perſevere,
Le Temps eſt maître de tout.

Allons

Allons au Bois, mon A- mou-
6
8
Baſſe-Continue.

rette , Prenez vî- te vô- tre Hou-
6 5
Baſſe-Continue.

let- te, Nous chan- te- rons
Baſſe-Continue.

TOME III. N

Nous chante- rons la Chan- son-
Basse Continue.

nette : Vous danse- rez à
Basse-Continue.

ma Mu- set- te. Ah! nous nous roulerons
Basse-Continue.

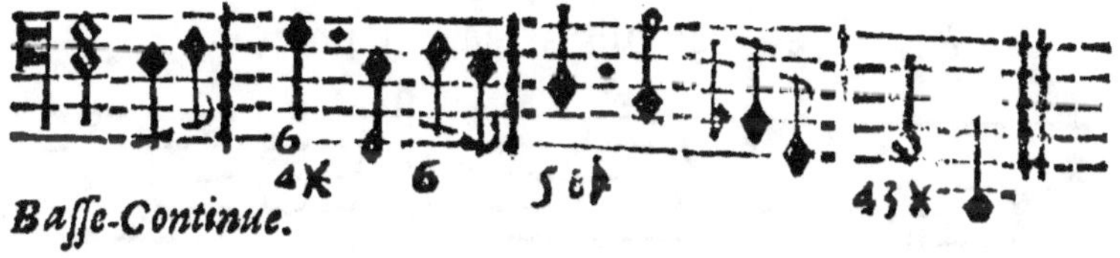

Second Couplet.

Je t'ay fait une quenoüillette,
Et je porte dans ma pochette
Un beau fuſeau d'Epine-vinette ;

Quand la fuſée ſera faite,
Ah ! nous nous roulerons deſſus l'herbette. *bis.*

N ij

D U O.

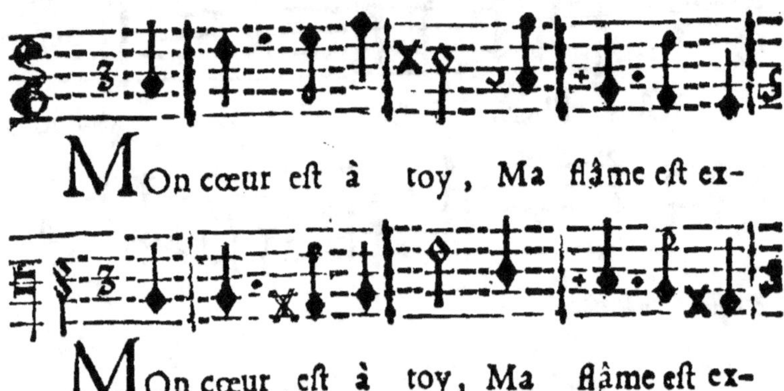
MOn cœur est à toy, Ma flâme est ex-
MOn cœur est à toy, Ma flâme est ex-

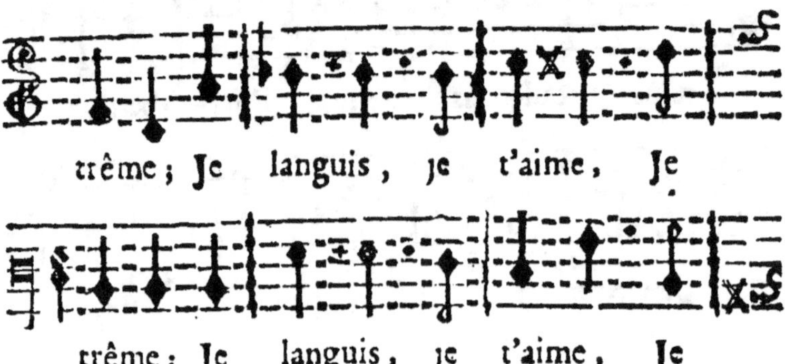
trême; Je languis, je t'aime, Je
trême; Je languis, je t'aime, Je

vis sous ta loy. Vien donc avec moy, Fo-

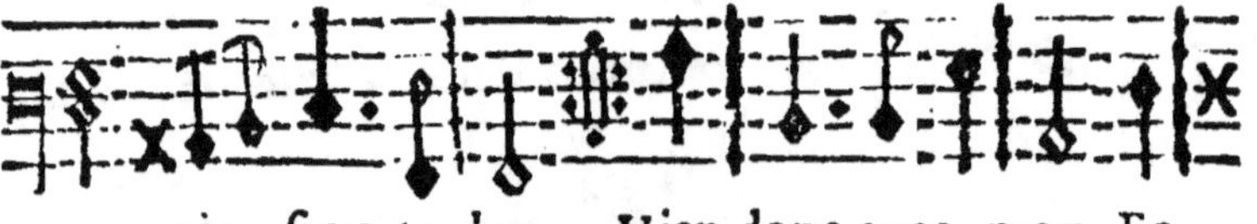
vis sous ta loy. Vien donc avec moy, Fo-

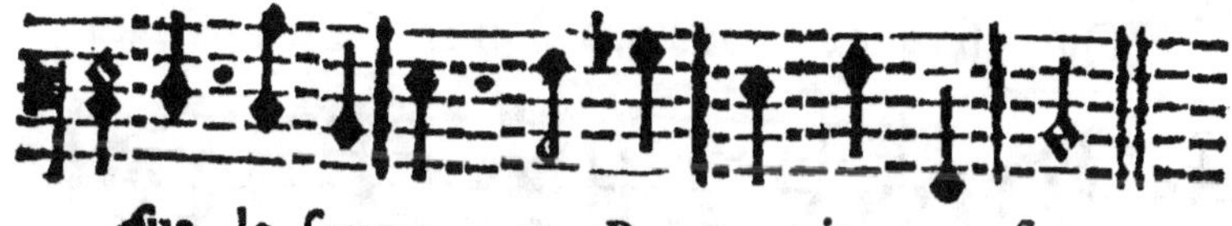

Second Couplet.

Je n'en feray rien,
Berger trop volage,
Cherche en ton Village
Un cœur pour le tien.

Tu feras fort bien
Et songe à te taire,
Ou je te vais faire *bis.*
Mordre par mon Chien.

N iij

Un Ber- ger des plus char-   mants,
Baſſe-Continue.
Qui   fréquente dans nos plaines, En me parlant
Baſſe Continue.

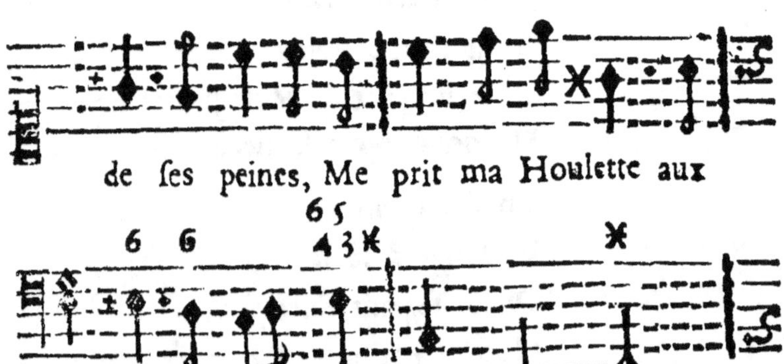
de ſes peines, Me prit ma Houlette aux
Baſſe-Continue.

champs : Ah ! que j'en suis inqui-
Baſſe-Continue.
ette, Je crains qu'il ne re- vienne pas ;
Baſſe Continue.
S'il n'avoit pris que ma Houlet-
Baſſe-Continue.

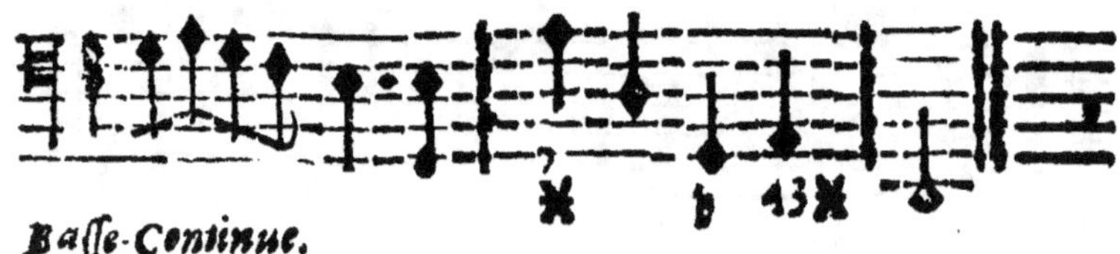

Baſſe-Continue.

Baſſe-Continue.

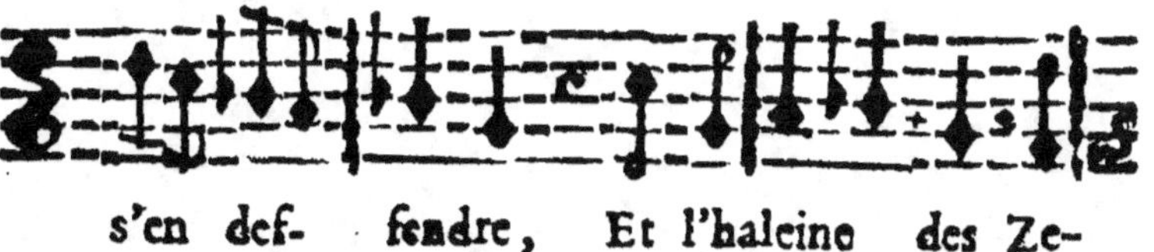

Baſſe-Continue.

Baſſe-Continue.

phirs　　Cessa　　même　pour l'en-　　tendre,
6　　　6
Basse-Continue.

Et res- pecta　ses soûpirs.
6
Basse-Continue.

A Mants, connoissez les Belles,
Basse-Continue.
Si vous vou- lez être heu- reux :
Basse-Continue.
Elles ne font les cruelles, Que pour
Basse-Continue.

Second Couplet.

Si vôtre fiere Maîtresse
Vous montre un peu de courroux,
Profitez de sa foiblesse,
Elle souffre plus que vous. *bis.*

Troisiéme Couplet.

Quand tout bas elle soûpire,
N'en soyez pas interdit,
Ecoutez ce qu'on veut dire,
Et non pas ce qu'on vous dit. *bis.*

Suite en A mi la.
DUO.

A U T R E S.

Premier Couplet.

A l'ombre de ces arbrisseaux,
Baignez des eaux
De ces ruisseaux

Tircis conduisant ses Troupeaux,
Cent fois s'écrie:
Ah! que Silvie
A les yeux beaux!

Second Couplet.

Ce Berger toûjours amoureux,
   Et malheureux , *bis.*

Sent pour cet Objet rigoureux
   Un mal extrême :
   Celle qu'il aime
   Rit de ses feux.

Troisiéme Couplet.

Cet Amant rongé de soucy
   Et plein d'ennuy , *bis.*

Ayant le cœur d'amour transy,
   A cette Belle
   Fiere & cruelle ,
   Parloit ainsi.

Quatriéme Couplet.

Tout ce qu'Amour a de rigueur,
   Et de langueur
   Est dans mon cœur ;

Mais qui vous voit & vous entend,
   Belle Silvie ,
   Toute sa vie
   En souffre autant.

Cinquiéme Couplet.

Tout ce que l'on voit fous les Cieux
Eſt dans vos yeux. *bis.*

Ils ſont doux, ils ſont gracieux ;
Et je les aime
Plus que moy-même ;
Ce ſont mes Dieux.

Sixiéme Couplet.

Je ſçais qu'en aimant vos appas,
Je perds mes pas : *bis.*

Et puiſque vous ne m'aimez pas,
Je ne deſire,
Sous vôtre empire,
Que le trépas.

Septiéme Couplet.

Les Echos m'ont plaint tour à tour
En ce ſéjour. *bis.*

Je veux donner de mon amour
Une autre preuve,
Et dans ce Fleuve
Perdre le jour.

Huitien.

Huitiéme Couplet.

Silvie alors baisoit son Chien
  Qu'elle aimoit bien : *bis.*

Et durant ce triste entretien
  Cette Bergere,
  Toûjours sévere,
  Ne luy dit rien.

Autre.

Climene tout ce que les Dieux
  Ont fait de mieux
  Est dans vos yeux ;

Et vous avez l'air si charmant,
  Que le Dieu même
  Qui fait qu'on aime,
  Ne l'est pas tant.

Autre.

Tout ce qu'on voit dessous les Cieux
  Est dans vos yeux : *bis.*

Mais quand on me verroit pour eux
  Perdre la vie,
  Belle Silvie ;
  Seriez-vous mieux ?

TOME III.   O

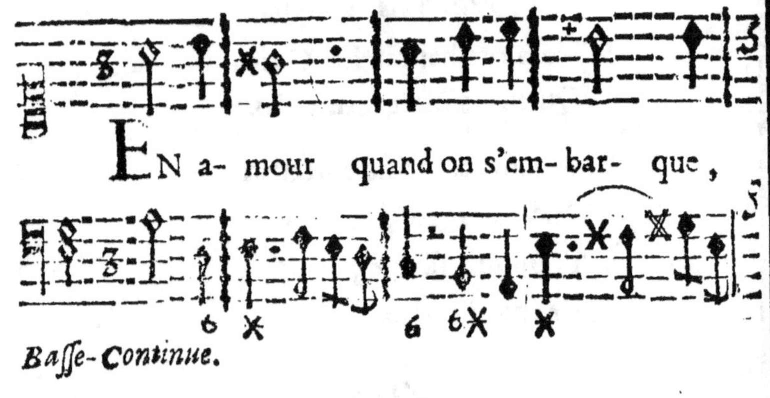
EN a- mour quand on s'em- bar- que,
Basse-Continue.

L'on es- pe- re un heureux sort.
Basse-Continue.

C'est le soin qui gou- verne la barque,
Basse Continue.

Baſſe-Continue.

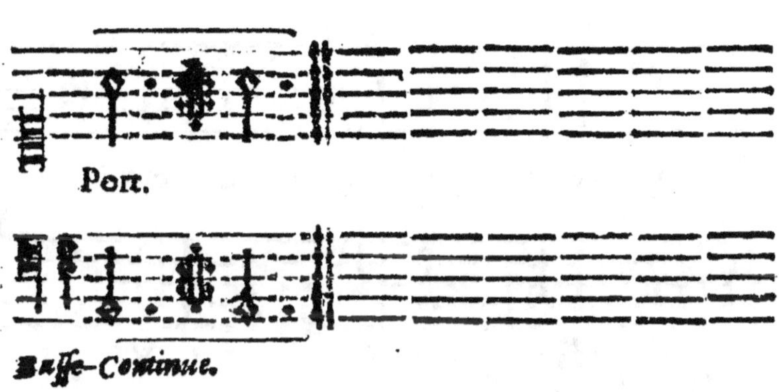

Baſſe-Continue.

Second Couplet.

Vos beaux yeux, belle Silvie,
M'aſſuroient d'un heureux fort;

Les trompeurs me promettoient la vie,
Cependant ils m'ont donné la mort.

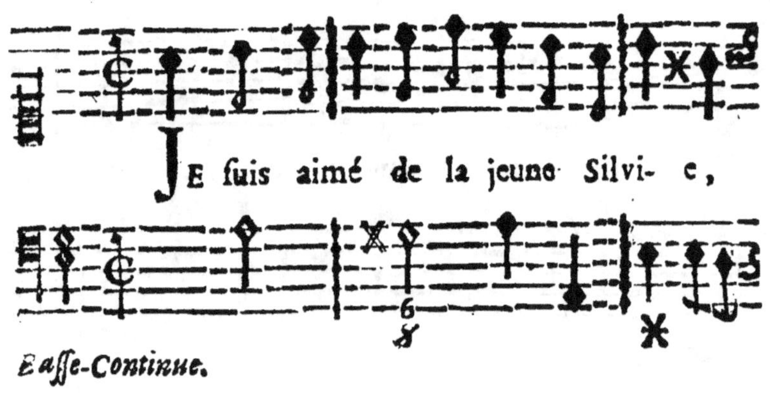
JE suis aimé de la jeune Silvi- e,
Baſſe-Continue.

Que mon ſort va faire de ja- loux !
Baſſe-Continue.

Dieux, vos grandeurs ne me font point d'en-
Baſſe-Continue.

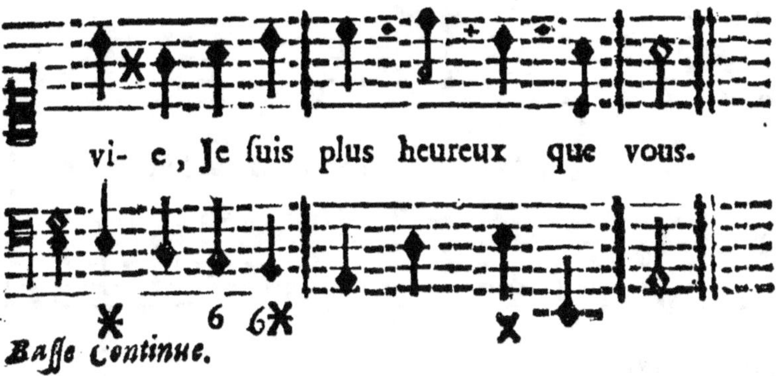

Basse Continue.

6
4
L'Amour en ces lieux a fait sa re-
Basse-Continue.
6   8   6

traite, Son plus doux séjour N'est plus à la
Basse-Continue.

Cour: Guerriers & Galans, prenez la Hou-
Basse-Continue.   6
4   6   7

lette, Venez dans nos Bois, Et suivez nos

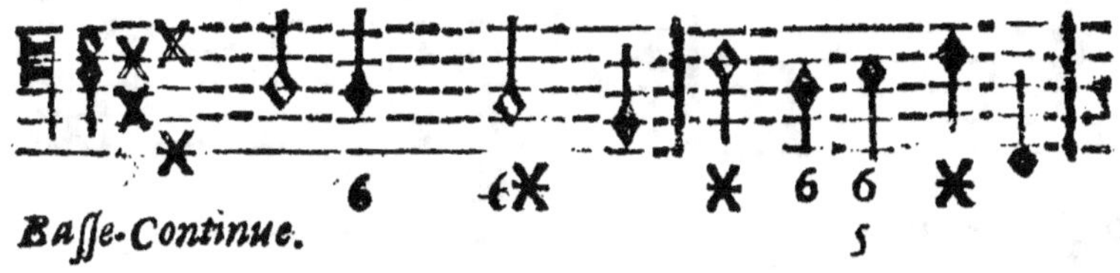
Basse-Continue.

loix. Venez dans nos Bois, Et suivez nos

Basse-Continue.

loix. Guerriers & Ga-... loix.

Basse-Continue.

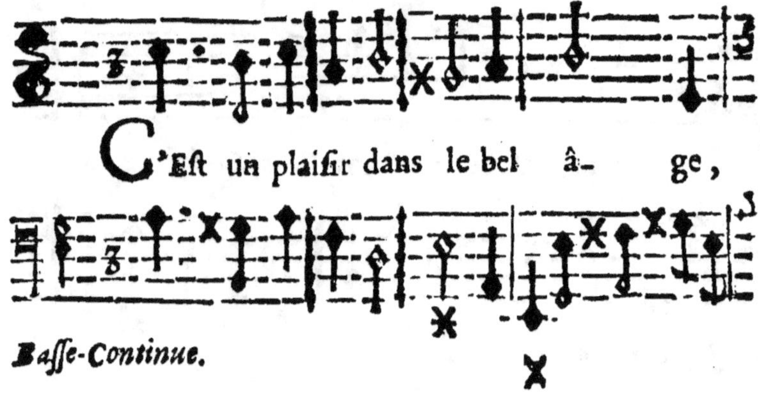

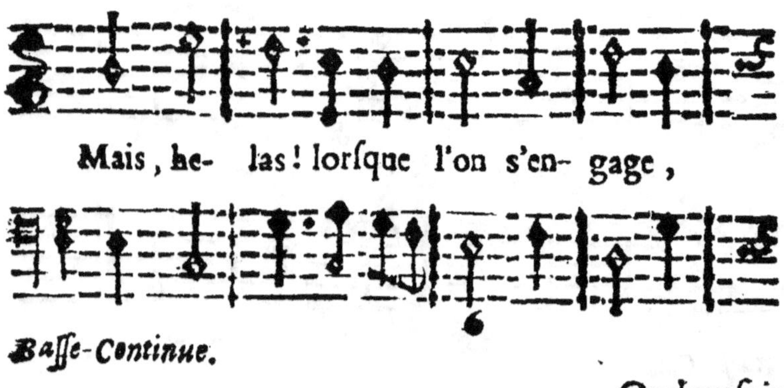

Quelquefois

Quelque- fois l'on est en danger
6
6 3
4
Basse-Continue.

D'aimer u ne Beauté vo- la- ge,
6 ✳ ✳
Basse-Continue.

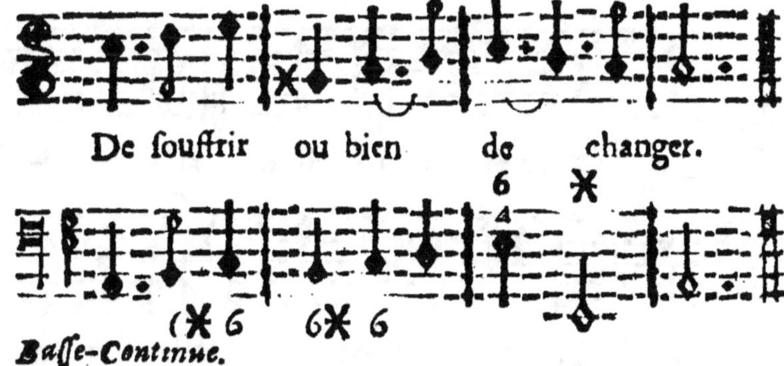
De souffrir ou bien de changer.
6 ✳
4
(✳ 6 6 ✳ 6
Basse-Continue.

Tome III. P

DVO.

DAns un beau jour, Ma pe- tite Ber-
DAns un beau jour, Ma pe- tite Bergere, Dans un beau jour, Tu languis sans a-
gere, Dans un beau jour, Tu languis sans a-
mour. Tant pis pour toy Si tu fais la fe-
mour. Tant pis pour toy Si tu fais la fe-

Second Couplet.

Je n'aime rien
Berger, je t'en assure ;
Je n'aime rien
Et je m'en trouve bien.

Tant mieux pour moy
Si j'ay l'ame si dure ;
Tant mieux pour moy
De conserver ma foy.

P ij

Troisiéme Couplet.

Rien n'eſt ſi doux
Que de rendre les armes,
Rien n'eſt ſi doux
Que l'Amour & ſes coups.

Il faut avoir
Pour bien goûter ſes charmes,
Il faut avoir
Eprouvé ſon pouvoir.

Quatriéme Couplet.

Retire-toy
Je ne veux plus t'entendre,
Retire-toy
Berger, & laiſſe-moy.

Tu dis ſi bien,
Pour flatter un cœur tendre;
Tu dis ſi bien,
Que je crains pour le mien.

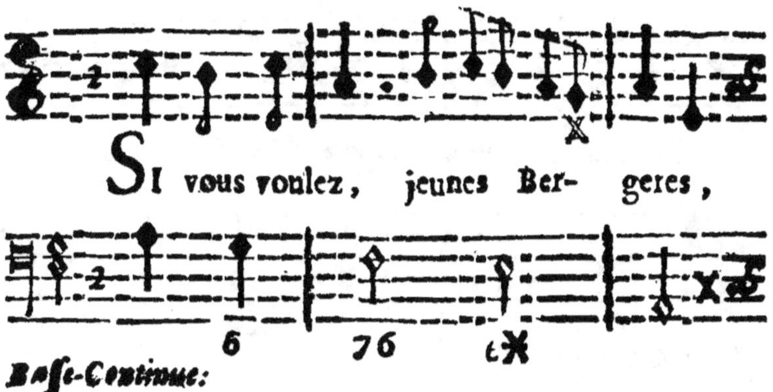
SI vous voulez, jeunes Ber- geres,
Basse-Continue:
6   76   6

Qu'on ait pour vous mille soins empressez
Basse-Continue.
6   6   6

Ne cessez point d'être so- vores,
6   76   6
Basse-Continue.

Faites roûjours esperer, c'est af- fez.

6 ⅹ   6ⅹ   4ⅹ
Baſſe Continue.

Les ſoins qu'une douce eſpe-   rance Fait
ⅹ   6 6ⅹ   6
Baſſe-Continue.

prendre aux Amants , Sont bien plus char-
4 ⅹ   ⅹ   6 6ⅹ
Baſſe-Continue.

mants Que ceux de la reconnoiſſan- ce.

Baſſe-Continue.

J'Avois juré de n'aimer plus,
6 7 6
Basse-Continue.
J'avois ju- ré de n'ai- mer plus:
43✕
6 6✕
Basse-Continue.

Mais les sermens sont su- per- flus,
Basse-Continue.

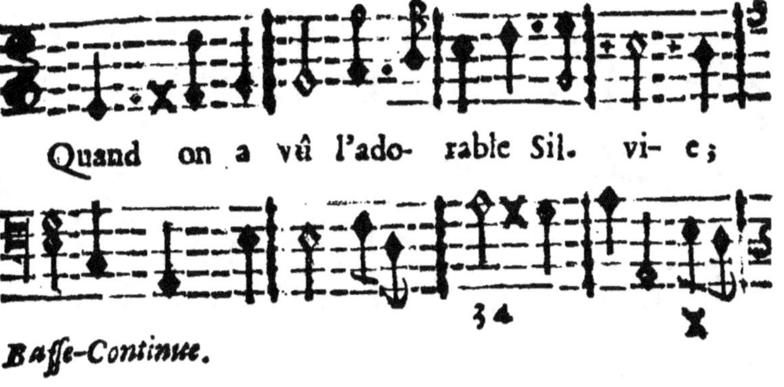

Second Couplet.

Quand il faut rompre ſon ſerment , *bis.*

Souvent c'eſt un fâcheux tourment :
Et je vois bien qu'il eſt quelqu'avanture
Où ſans peine on devient parjure.

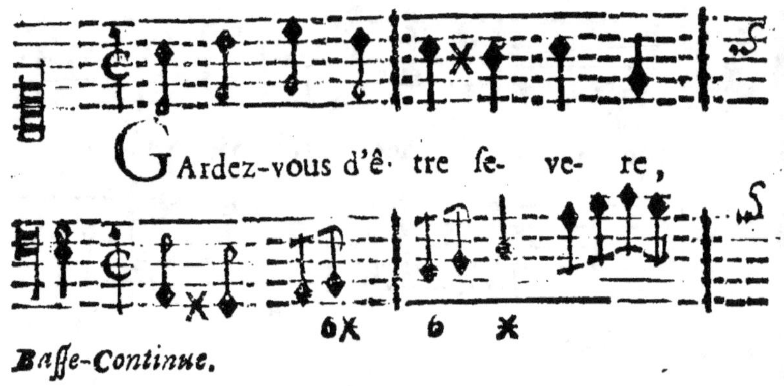
GArdez-vous d'ê- tre se- ve- re,
6X 6 X
Basse-Continue.

Quand on vous parle d'amour. Vôtre cœur, jeu-
6
6
Basse-Continue.

ne Ber- gere, S'en repen- ti- roit un
6 6X
Basse-Continue.

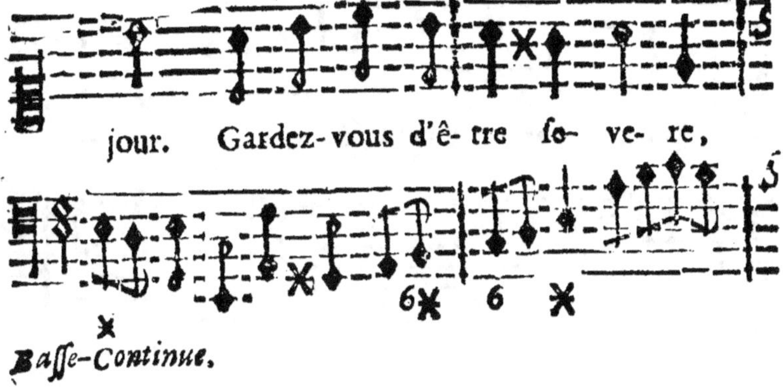
jour. Gardez-vous d'ê-tre so- ve- re,
Basse-Continue.

Quand on vous parle d'amour. Un plaisir que
Basse-Continue.

l'on dif- fe- re Se perd souvent sans re-
Basse-Continue.

tour. Gardez-vous d'ê-tre se-ve-re,
Basse-Continue.

Quand on vous parle d'a-mour.
Basse-Continue.

Quand on a tant d'amour, Pour l'in-
Basse-Continue.
gra- te Silvi- e, Comment
Basse-Continue.
paf- fer la vi- e?
Basse-Continue.

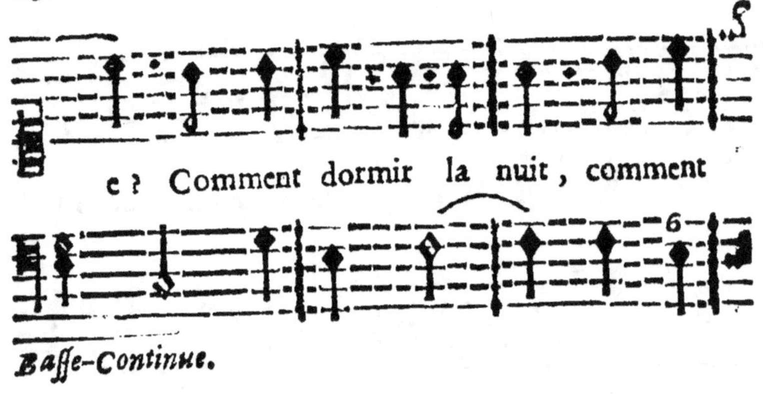
e ? Comment dormir la nuit, comment
Basse-Continue.

ri- re le jour, Quand on a tant d'a-
Basse-Continue.

mour.
Basse-Continue.

Second Couplet.

Le plaisir de vous voir
Est un plaisir extrême,
On voit la beauté même;
Et je quitterois tout, belle Iris pour avoir,
Le plaisir de vous voir.

D V O.

Elas! que l'on feroit heureux,

Elas! que l'on feroit heureux,

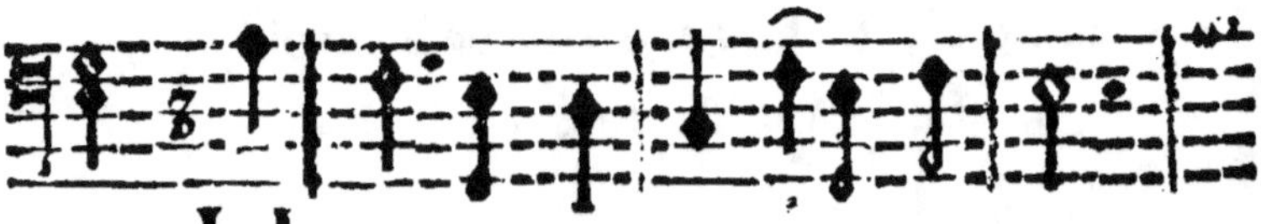

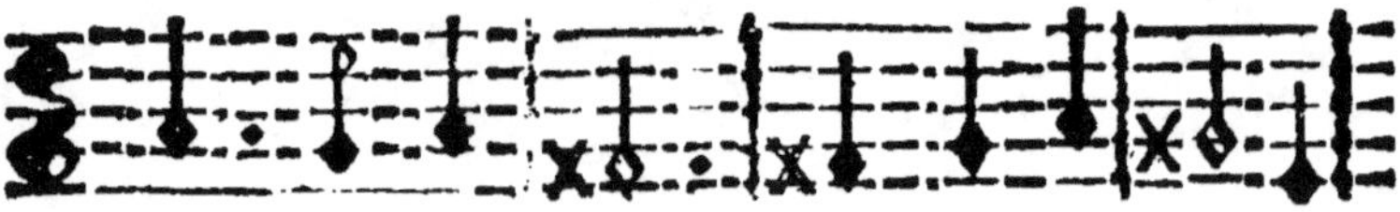

Dans ces beaux lieux, Loin de l'en- vie,

Dans ces beaux lieux, Loin de l'en- vie,

Si toûjours ai- mé de Sil- vie, L'on pou-

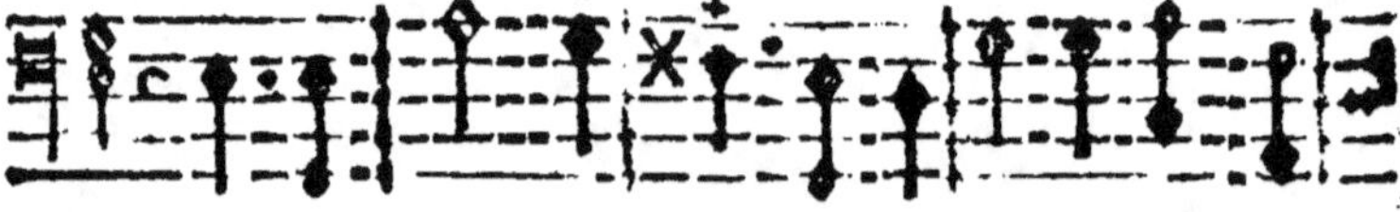

Si toûjours ai- mé de Sil- vie, L'on pouvoit

voit toûjours amou- reux Avec
voit toû- jours amou- reux Avec

el- le paf- fer la vi- e!
el- le paf- fer la vi- e!

BEau Séjour, aimable Bois, Où sou-
Basse-Continue.
vent l'Amour m'appelle; Lieux charmants où
Basse-Continue.
tant de fois J'ay vû mon Berger fidel. le;
Basse-Continue.

Que vous flatez mon ennuy, Quand vous me par-
Basse-Continue.
lez de luy! Que vous flatez mon en- nuy,
Basse-Continue.
Quand vous me parlez de luy! Que vous... luy!
Basse-Continue.

LEs Bergers danſent ſur l'herbotte,
Basse-Continue.
Et les Moutons vont bon-　diſſants :
Basse-Continue.
Tircis & la Berge-re Annete, Chantent tous
Basse-Continue.

deux en même temps; Qu'on est heureux en
6   56
Basse-Continue.

a-   mou- rette, Tout y   rit, on
Basse-Continue.

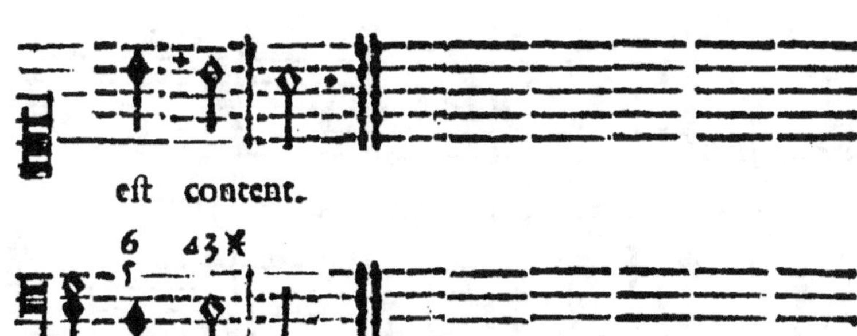

est content.
6   43
Basse-Continue.

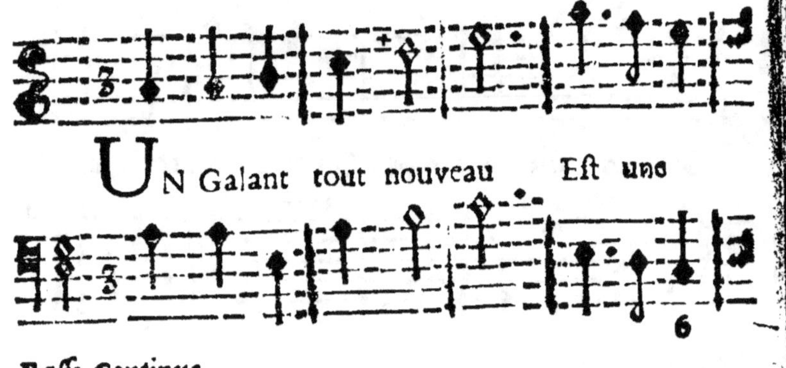

Basse-Continue.

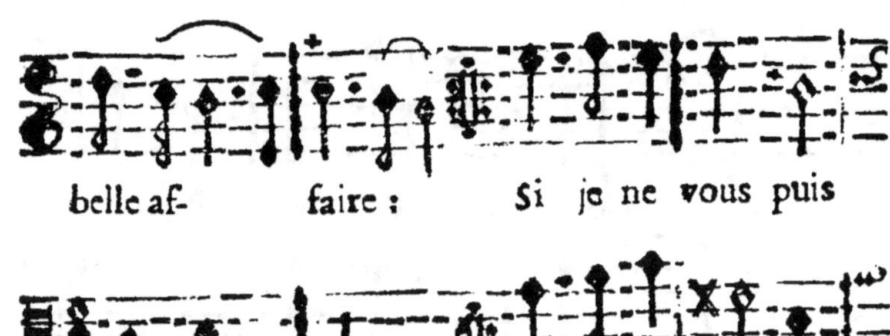

Basse-Continue.

Basse-Continue.

Basse-Continue.

Second Couplet.

Mes regards vous l'ont dit
Ce que je voulois taire,

Vous êtes en colere ?
J'en suis tout interdit ;
Mais je ne puis qu'y faire,
Mes regards vous l'ont dit.

Troisiéme Couplet.

Vous l'avez bien voulu ;
Il est vray, je vous aime,

Si ma faute est extrême,
Si je vous ay déplû ;
Accusez-vous vous même,
Vous l'avez bien voulu.

Quatriéme Couplet.

Ce qu'on dit de nous deux
Vous tient-il en cervelle ?

Ce n'est que bagatelle
Pour des gens amoureux.
Accordez-moy, ma Belle,
Ce qu'on dit de nous deux.

DUO.

Les plaisirs de nôtre Vil- lage,
Les plaisirs de nôtre Vil- lage,

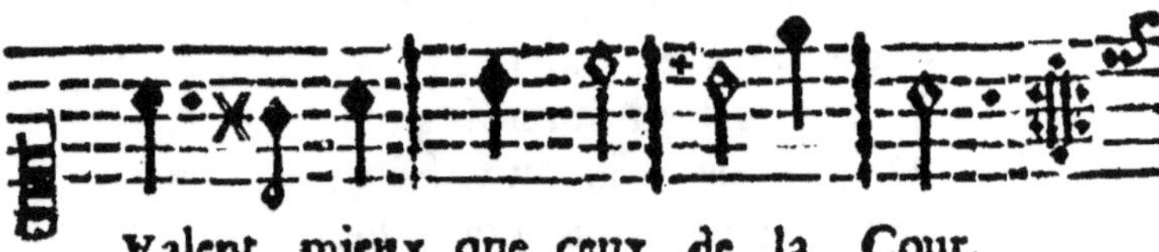
Valent mieux que ceux de la Cour.
Valent mieux que ceux de la Cour.

Soir & ma- tin dans un Boc- cage,

Soir & ma- tin dans un Boc- cage,
D'alentour;

Second Couplet.

Avec plaisir & sans contrainte
On se divertit galamment.

Chacun y parle à son Amiate
Librement ;
Et l'on n'entend jamais la plainte
D'un Amant.

TOME III.   R

LE Berger Tircis Ron-
Les Rimeurs Sylvains Des
Basse-Continue.
gé de fou- cy, De voir sa Climene Ri-
antres prochains Sur cette amou- rette Fi-
Basse-Continue.
re de sa peine, Alla se per- cher Sur
rent Chan-son-nette, Penfant que la mort Eût
Basse Continue.

un haut Rocher : Voulant finir son sup-
fini son sort : Mêmes l'in-juste Cli-
Basse-Continue.
plice Dans un preci- pice, Mais son- geant
mene En étoit plus vaine, Pendant que
Basse-Continue.
que ce saut Estoit bien haut, Et qu'en mour-
ce Berger, Loin du danger, Bien sûr é-
Basse-Continue.

roit Quand on voudroit, Et qu'on vivroit, Tant
toit Qu'il ne mourroit, Mais qu'il vivroit Tant

Basse-Continue.

qu'on pourroit; Quelque vo- lage & le-
qu'il pourroit; Et reve- nant vers la

Basse-Continue.

gere Que fût sa Bergere, Il fit nargue à
Belle, Il se moqua d'elle; Et les Sylvains

Basse Continue.

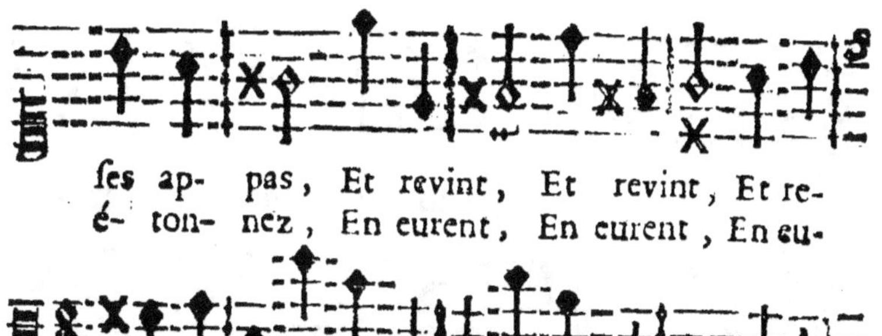

ses ap-   pas, Et revint, Et   revint, Et re-
é- ton- nez, En eurent, En eurent, En eu-

Basse-Continue.

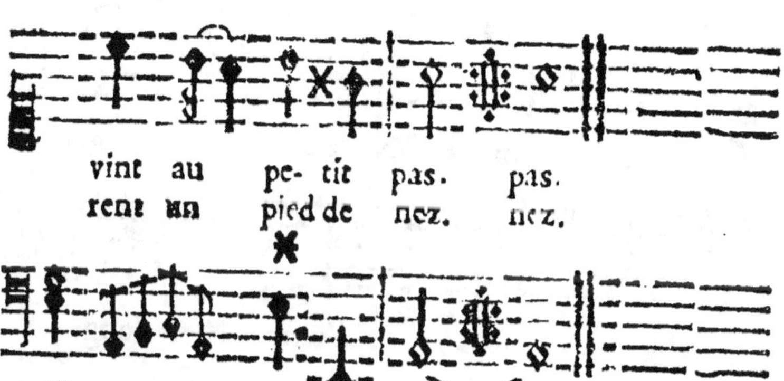

vint au   pe- tit   pas.   pas.
rent un   pied de nez.   nez.
Basse-Continue.

A La Cour, Aimer est un badi- nage,
A La Cour, Aimer est un

Et l'a- mour N'est dan- ge-
ba- di- nage, Et l'amour N'est dange-

reux qu'au Villa- ge : ge : Un Ber-
reux qu'au Villa- ge : ge :

ger, Si sa Bergere n'est tendre, Sçait se
Un Berger, Si sa Bergere n'est tendre,

pen- dre, Mais il ne sçauroit chan-
Sçait se pendre, Mais il ne sçauroit chan-

ger; Et parmi - nous, quand les Belles
ger, Et parmi - nous, quand les Belles

R. 37

Sont legeres　　ou cru- elles , Loin d'en mou-
Sont legeres　　ou cru- elles ,

rir de dépit , On en rit ,　　Et l'on
Loin d'en mourir de dépit ,　On en rit ,

change auffi tôt qu'elles ,　Et l'on châge, Et l'on
Et l'on change auffi-tôt qu'elles , Et l'on

change aussi-tôt qu'ol- les. Un Ber-... les.
change aussi-tôt qu'elles. les.

Suite en F ut fa.

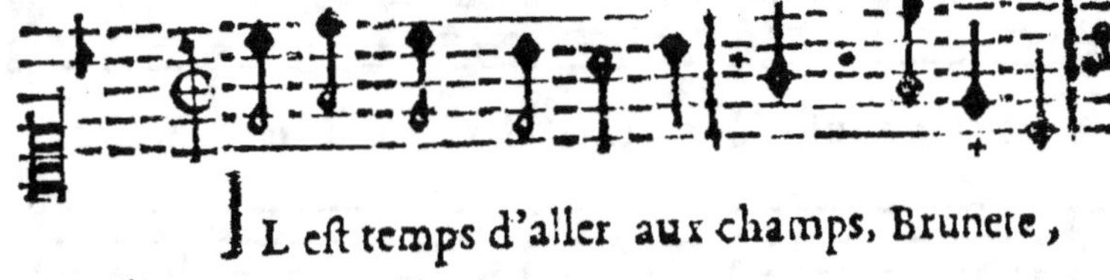

ler aux champs, Brunete, Il est temps d'al-
6   6
Basse Continue.

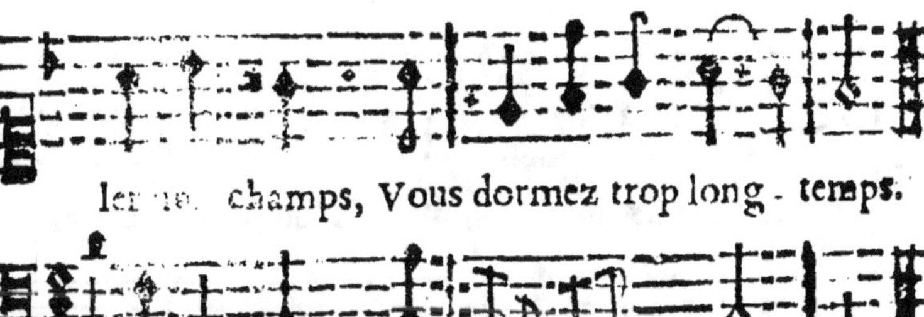
ler aux champs, Vous dormez trop long-temps.
6   6   6   43
Basse-Continue.

Baſſe-Continue.

Baſſe-Continue.

Baſſe-Continue.

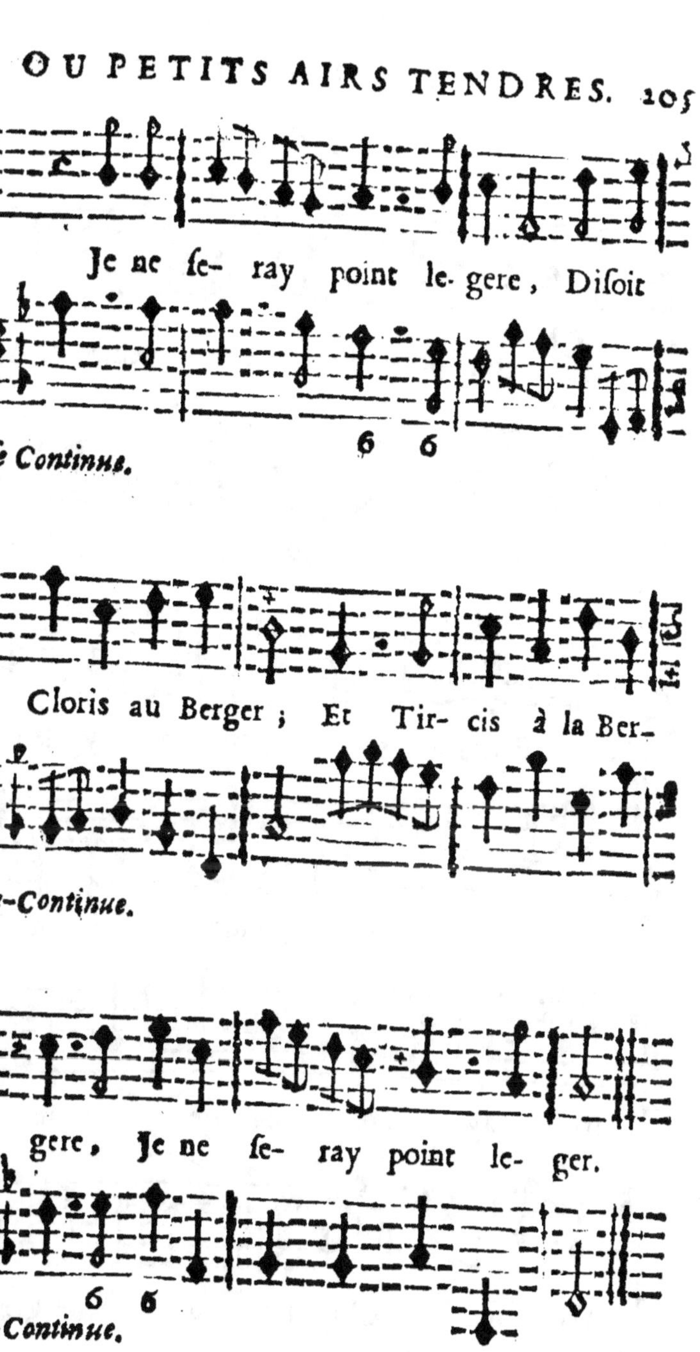
Je ne se- ray point le- gere, Disoit
Basse Continue.
Cloris au Berger ; Et Tir- cis à la Ber-
Basse-Continue.
gere, Je ne se- ray point le- ger.
Basse-Continue.

Second Couplet.

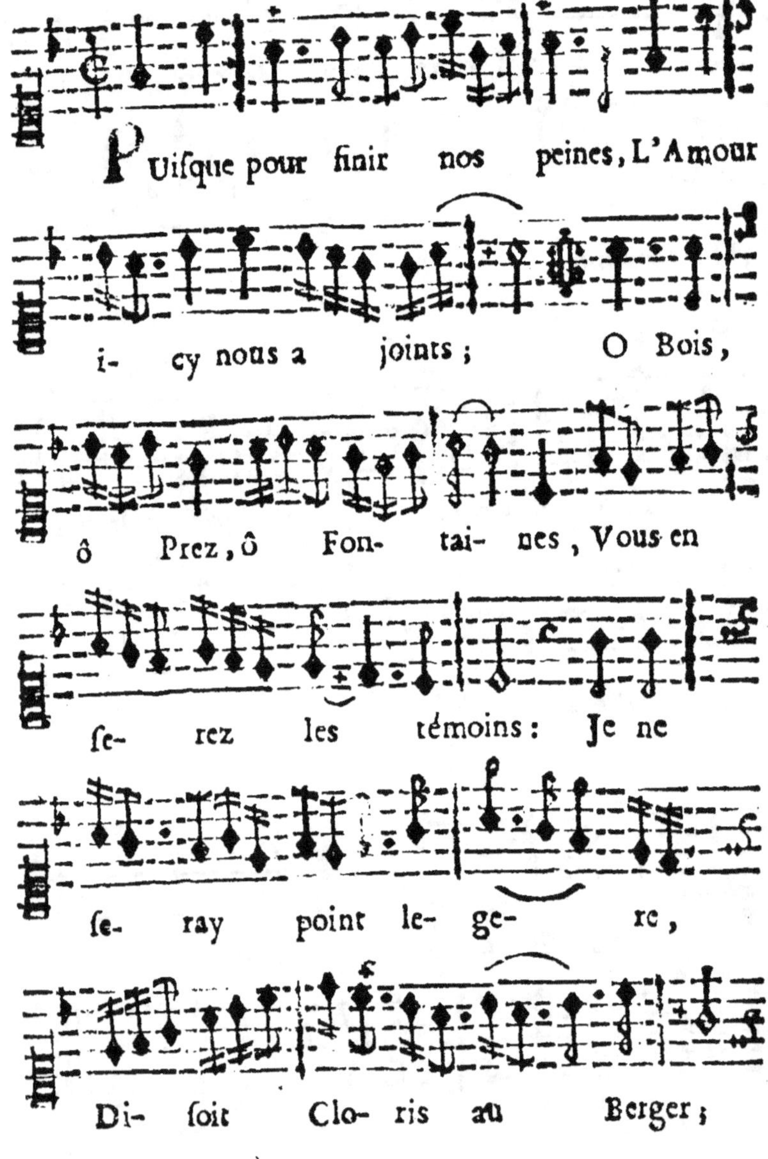

Troisiéme Couplet.

Employant une éloquence
Qui ne s'entend que des yeux :

Leurs ames par leur silence
S'expliquoient encore mieux.
Je ne seray point legere,
Disoit Cloris au Berger ;
Et Tircis à la Bergere,
Je ne seray point leger.

Quatriéme Couplet.

Ainsi l'ardeur mutuelle,
Et les longs ravissements

Servoient de langue fidelle
A ces deux heureux Amants.
Je ne seray point legere,
Disoit Cloris au Berger ;
Et Tircis à la Bergere,
Je ne seray point leger.

BRUNETES

AUTRES COUPLETS.

Premier Couplet.

Il n'est rien de plus aimable
Qu'Iris en toute la Cour;

Que n'est-elle autant traitable,
Qu'elle sçait donner d'amour?
On ne seroit pas à plaindre,
Quoyque l'on pût endurer;
Mais elle nous fait tout craindre,
Et ne fait rien esperer.

Second Couplet.

Quand pour elle un cœur soûpire,
Il ne s'en trouve pas bien;
Helas! je sçay bien qu'en dire,
Quoyque je n'en dise rien.
Je croyois la rendre tendre
En aimant ses doux attraits;
Mais las! on a beau se rendre,
Elle ne se rend jamais.

Troisiém

Troisiéme Couplet.

Ah ! que l'on souffre de peine
Quand on est absent de vous ;

Loin de vos beaux yeux, Climene,
On ne trouve rien de doux.
Dans vôtre aimable demeure
Les Ris ne nous quittoient pas ;
Et le Chagrin à toute heure
Accompagne icy nos pas.

Quatriéme Couplet.

Ah ! vous avez beau vous plaindre
Que je me plains nuit & jour ;

Je saurois me contraindre,
Vous voyant si peu d'amour.
Voulez-vous me faire taire,
Sans qu'on m'entende jamais,
La chose est facile à faire,
Aimez autant que je fais.

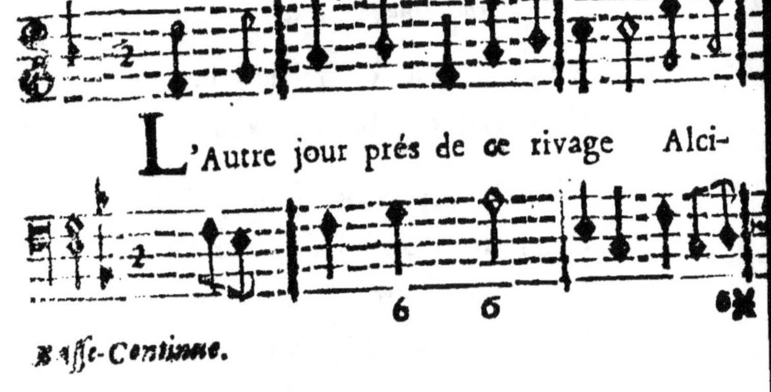
L'Autre jour prés de ce rivage   Alci-
Basse-Continue.
6   6

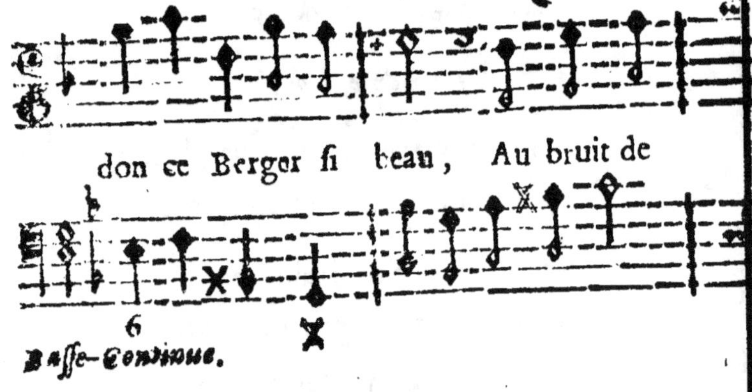
don ce Berger si beau,   Au bruit de
Basse-Continue.
6

l'eau   Chantoit deffus fon Chalumeau:
Basse-Continue.
6
5

Faut-il, Bergere vo- lage, Qu'un A-
Basse-Continue.

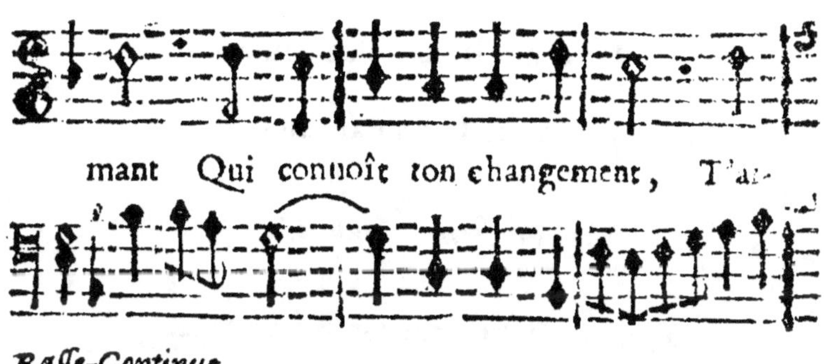

mant Qui connoît ton changement, T'ai-
Basse-Continue.

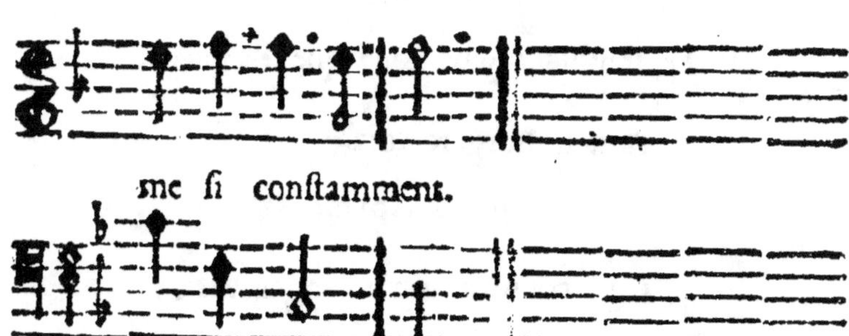

me si constamment.
Basse-Continue.

Second Couplet.

J'ay trouvé sous ce verd ombrage
Prés de toy le Berger Tircis,
Cent fois assis
Contant ses amoureux soucis.

Faut-il Bergere volage,

Qu'un Amant

Qui connoît ton changement,

T'aime si constament ?

Troisiéme Couplet.

Tous les jours dans le même herbage
Ses troupeaux se mêlent au tien;
Ses entretiens
Te semblent plus doux que les miens.

Faut-il Bergere volage,

Qu'un Amant

Qui connoît ton changement,

T'aime si constament ?

Quatriéme Couplet.

Sur tous les Bergers du village,
Sur tous les Chaſſeurs de nos bois
Il a ta voix,
Luy ſeul eſt heureux ſous tes loix.

Faut-il Bergere volage,
Qu'un Amant
Qui connoît ton changement,
T'aime ſi conſtament ?

Cinquiéme Couplet.

Alcidon tenoit ce langage,
Quand ſa Belle qui l'entendit,
Se défendit,
Et d'un air amoureux luy dit :
Je ne fus jamais volage,
Et l'Amant
Qui m'accuſe injuſtement,
Eſt aimé conſtament.

BRUNETES
DUO.

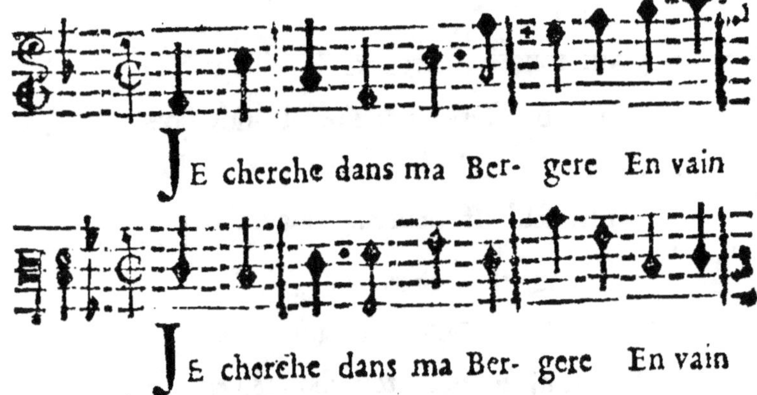

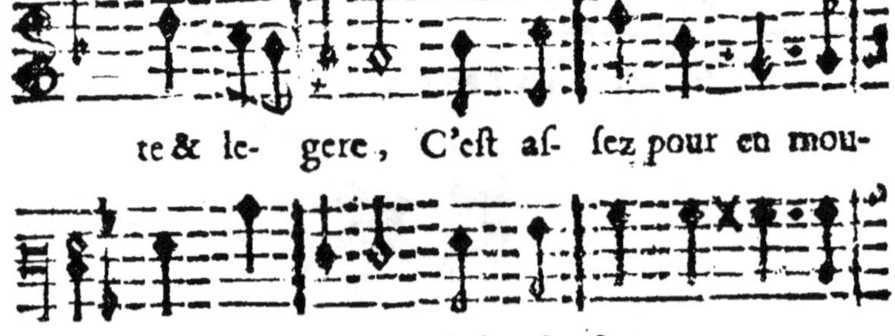

Second Couplet.

Le chagrin, & la colere,
Le dépit, le repentir,

Tout cela me défespere,
C'est aſſez pour en mourir,
C'est trop peu pour me guérir.

S A R A B A N D E.

Ne

Baſſe-Continue.

Second Couplet.

Dans mon cœur

J'aime toûjours Climene,

Dans mon cœur

Elle regne en vainqueur;

Et le Printems ne peut changer ma peine,
Qu'il n'ait changé ſon extrême rigueur.

Troiſiéme Couplet.

Peut - on bien

Vous voir, Charmante & Belle?

Peut-on bien

Vous voir, & n'aimer rien?

Il faut qu'un cœur ſoit à l'amour rebelle
Pour le pouvoir; mais ce n'eſt pas le mien.

TOME III.   T.

Quatriéme Couplet.

Ah ! pourquoy
Faire tant la tigreſſe ?
Ah ! pourquoy
Se moquer de ma foy ?

Quand vous auriez un peu plus de tendreſſe,
Tout iroit mieux & pour vous & pour moy.

Cinquiéme Couplet.

Vos appas
Sont par tout redoutables,
Vos appas
Cauſent mille trépas.

Vous l'emportez deſſus les plus aimables ;
Mais en douceur, vous ne l'emportez pas.

Sixiéme Couplet.

En amour
Il faut trop de contrainte,
En amour
On ſe plaint nuit & jour :

Prés de Bachus on ne fait point de plainte,
Les Jeux, les Ris ſont toûjours à ſa cour.

TRIO.

TU reviens donc, Berger vo-lage,
TU reviens donc, Berger vo- lage,
TU reviens donc, Berger vo- lage,

M'offrir encor ton cœur le- ger :
M'offrir en- cor ton cœur leger :
M'offrir en- cor ton cœur le- ger :

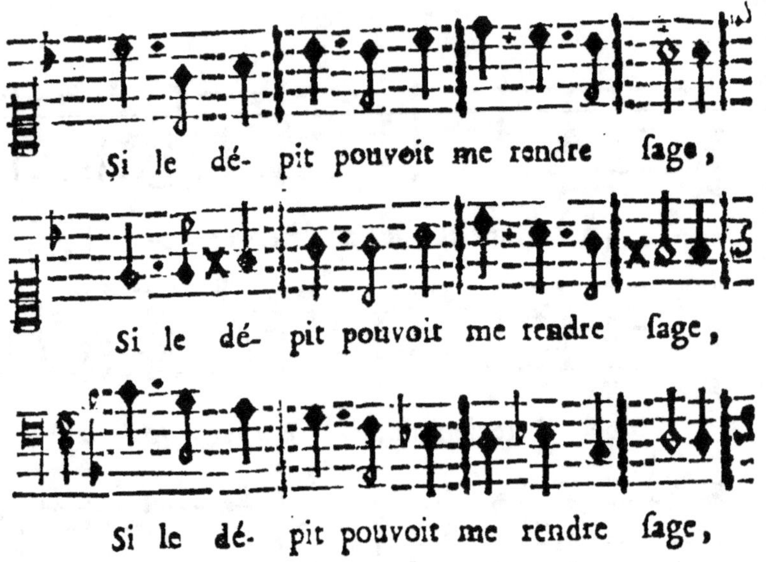

Si le dé- pit pouvoit me rendre sage,
Si le dé- pit pouvoit me rendre sage,
Si le dé- pit pouvoit me rendre sage,

Sur cet In- grat je pourrois me vanger ;
Sur cet In- grat je pourrois me van- ger ;
Sur cet In- grat je pourrois me vanger ;

Mais le moyen de te- nir son cou- rage,
Mais le moyen de te- nir son cou- rage,
Mais le moyen de te- nir son cou- rage,

Contre un A- mant qui sçût nous enga- ger.
Contre un A- mant qui sçût nous enga- ger.
Contre un A- mant qui sçût nous enga- ger.

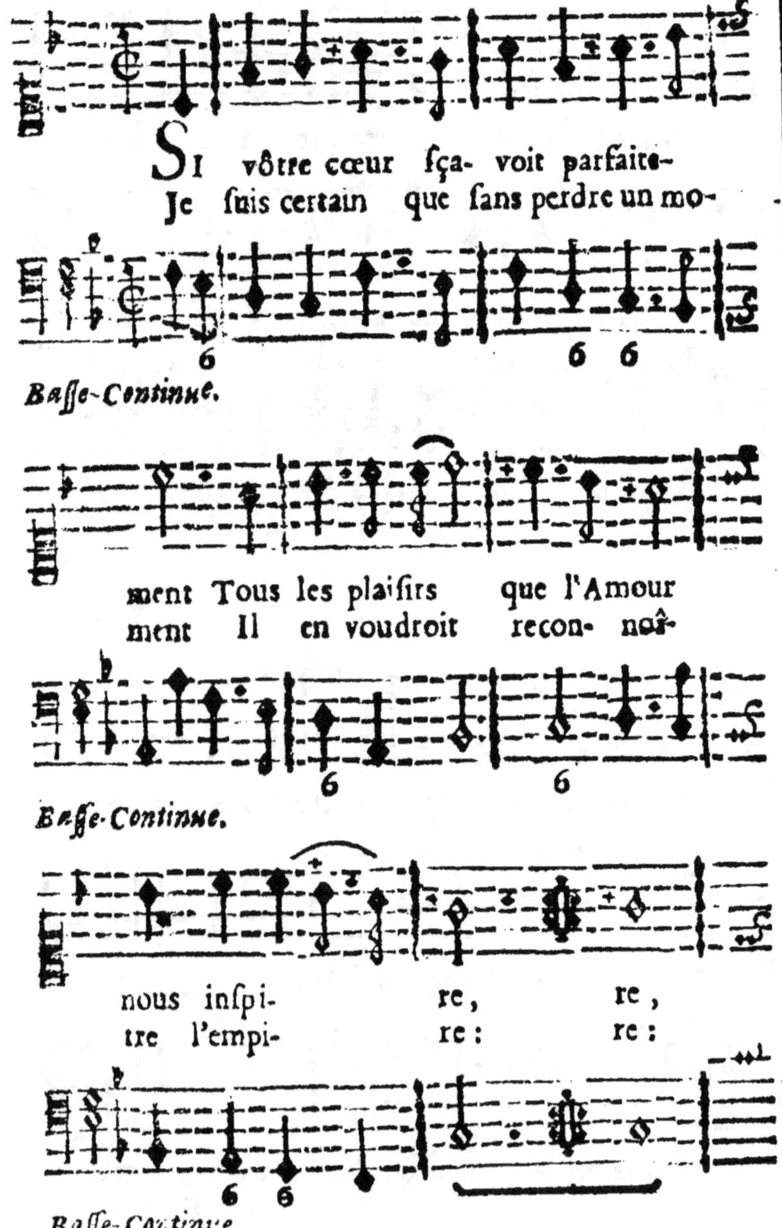
SI vôtre cœur sça- voit parfaite-
Je suis certain que sans perdre un mo-
Basse-Continue.
6
6 6
ment Tous les plaisirs que l'Amour
ment Il en voudroit recon- noî-
Basse-Continue.
6
6
nous inspi- re, re,
tre l'empi- re: re:
Basse-Continue.
6 6

Ah ! belle Iris, craignez-en moins les
Basse-Continue.

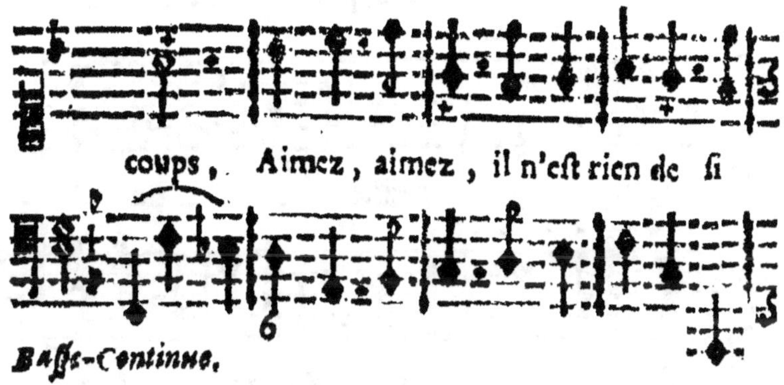
coups, Aimez, aimez, il n'est rien de si
Basse-Continue.

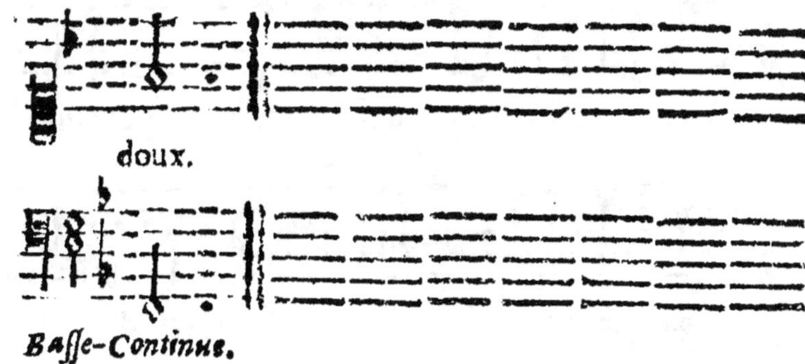
doux.
Basse-Continue.

T iv

Second Couplet.

vô tre â- ge; Aimez
I- ris, ai- mez, Qu'at- ten-
dez-vous ? Aimez, aimez, il
n'eſt rien de ſi doux.

QUe faites - vous , jeune Sil-
Basse-Continue.

vie , A quoy paſſez - vous vô- tre
Basse-Continue.

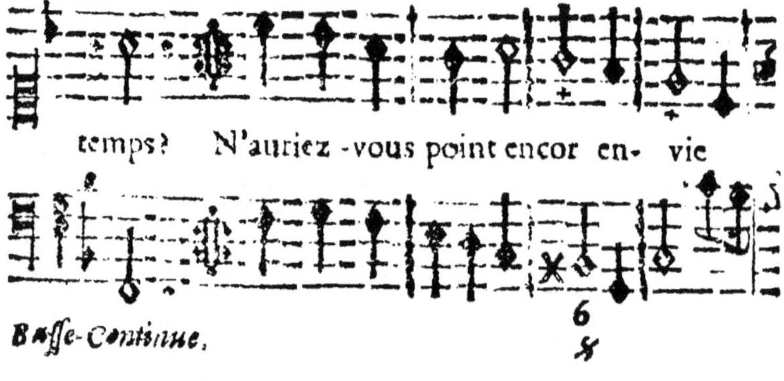
temps? N'auriez -vous point encor en- vie
Basse-Continue.

D'aimer quelque pe- tit mo- ment?
Basse-Continue.
Helas! comment paf- fer la vi- e?
Basse-Continue.
Helas! comment la paf- fer fans Amant?
Basse-Continue.

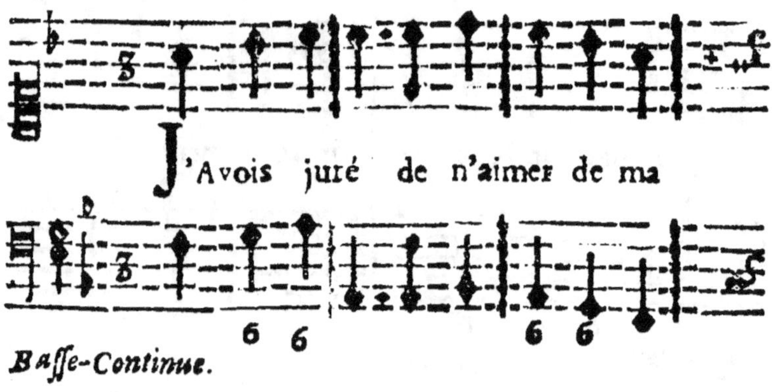

J'Avois juré de n'aimer de ma
6 6 6 6
Basse-Continue.

vie : Mais vous voyant j'en ay
43 6 6 6
Basse-Continue.

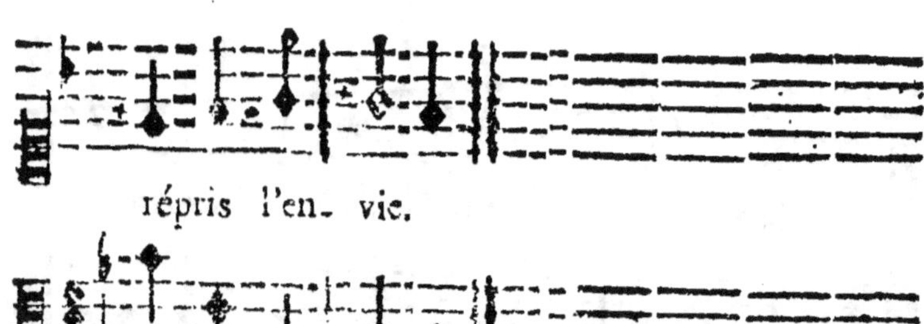

répris l'en- vie.
43
Basse-Continue.

Second Couplet.

O mort ! ô mort ! tant de fois appellée,
Que ne viens-tu ! Philis s'en est allée.

Troisiéme Couplet.

Mes yeux ont vû l'adorable Climene,
Helas ! mon cœur que vous aurez de peine ?

Quatriéme Couplet.

On dit qu'amour est un mal agréable,
Et cependant il me rend misérable.

Cinquiéme Couplet.

Je ne dors point, je rêve, & je soûpire,
Amour, di-moy, ce que cela veut dire.

Sixiéme Couplet.

Je suis chagrin, je deviens solitaire,
Dedans les bois je commence à me plaire,

Septiéme Couplet.

Quand le dépit vient d'un amour extrême,
On dit qu'on hait, & l'on sent que l'on aime.

RONDEAU.   *DUO.*

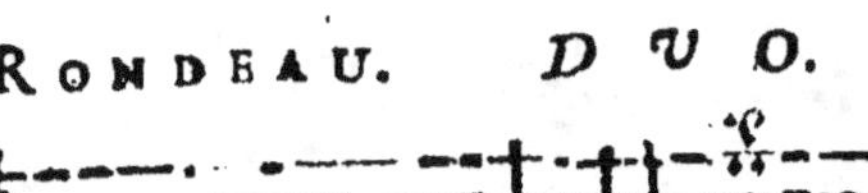

N'Oubliez pas vôtre Houlette, Na-

N'Oubliez pas vôtre Houlette, Na-

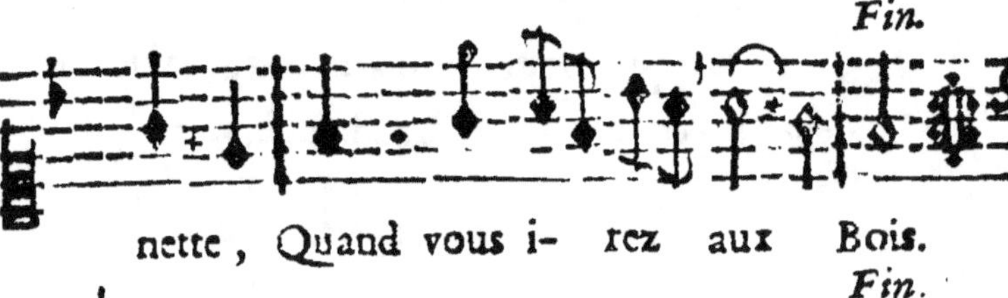
Fin.
nette, Quand vous i- rez aux Bois.

Fin.
nette, Quand vous i- rez aux Bois.

Le Ber- ger dont vous faites choix Est trop
Le Ber- ger dont vous faites choix Est trop

REPONSE.

Premier Couplet.

Il paſſe dans nôtre Village,
        Pour ſage,
Vous ſeul n'en croyez rien :

Mais pour moy qui le connois bien,
J'en puis rendre bon témoignage ;
        Il, &c.

Second Couplet.

Que ſerviroit pour me deffendre,
        De prendre
Ma Houlette & mon Chien :

Dans les Bois quand on s'aime bien,
L'Amour deffend-t'il de ſe rendre ?
        Que, &c.

Autre

Si je voulois me laiſſer prendre
        Au tendre,
Je ſçaurois bien par qui :

Je ne m'explique point ici,
Ce ſeroit trop me faire entendre ;
        Si, &c.

A Vôtre beauté naiſſante, J'ay ren-
Baſſe-Continue.
du les premiers ſoins : D'une ardeur ten-
6 6
Baſſe-Continue.
dre & conſtante Vos yeux ont é- té té-
6
Baſſe-Continue.
moins,

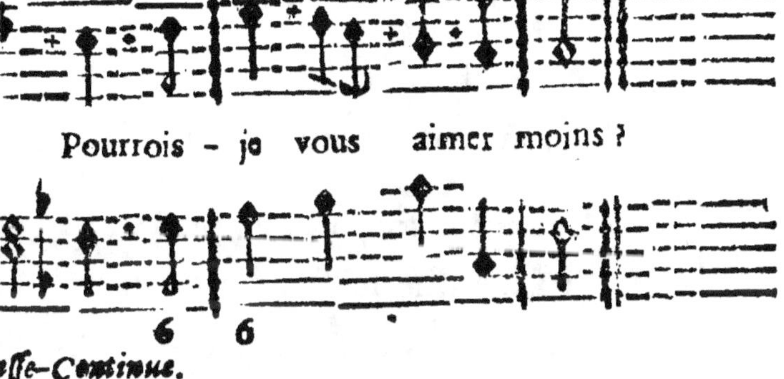

AVTRES.

Premier Couplet.

Je reconnois les atteintes
Qui m'ont sçû déja charmer ;

Ah ! que mon cœur a de craintes,
De recommencer d'aimer :
Qu'une flâme mal éteinte
Est facile à rallumer :

TOME III.   V

Second Couplet.

Quelle douce rêverie
Vous occupe inceſſamment ?

A quel jeu donc, je vous prie,
Perdez vous vôtre enjoüement ?
Vous ſeriez-vous attendrie
Aux plaintes de quelqu'Amant ?

Troiſiéme Couplet.

Nôtre liberté craintive
Fuit devant vos yeux vainqueurs ;

Un regard ſeul nous en prive,
Et fait naître mille ardeurs :
Eſt-ce à vous d'eſtre captive
Quand vous enchaînez nos cœurs ?

Quatriéme Couplet.

La ville devient village
Si-tôt que vous la quittez ;

Le deſert le plus ſauvage
Si-tôt que vous l'habitez,
Devient un riche aſſemblage
De plaiſirs & de beautez.

Cinquiéme Couplet.

Pardonnez à ma foiblesse,
Charmant Objet de mes vœux ;

L'amour en secret me presse
De vous déclarer mes feux.
Pourquoy faut-il qu'il vous blesse ?
Je l'ay pris dans vos beaux yeux.

Sixiéme Couplet.

Le plus rigoureux martire
Me va causer le trépas,

Je n'ose vous en instruire,
Je ne le dis que tout bas.
Quand un cœur tendre soûpire,
Quoy ! ne l'entendez-vous pas ?

V ij

D U O.

On croit en vain se dé-fendre
On croit en vain se dé-fendre
Des doux attraits de l'a mour:
Des doux attraits de l'a- mour:
Il est en droit de tout prendre, Chacun
Il est en droit de tout prendre, Chacun

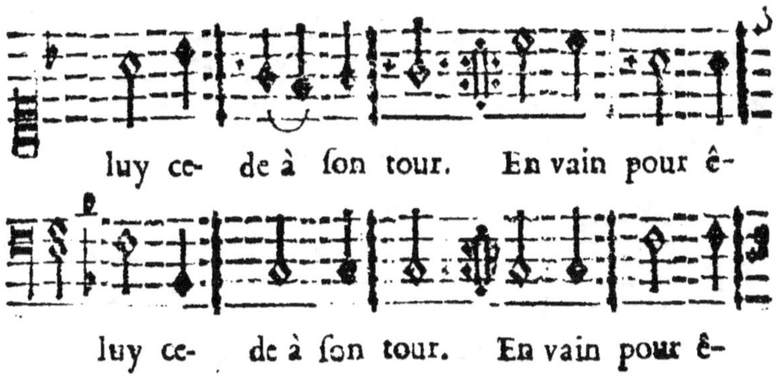
luy ce- de à son tour. En vain pour ê-
luy ce- de à son tour. En vain pour ê-

tre in- fle- xible On cherche mil- le de-
tre in- fle- xible On cherche mil- le de-

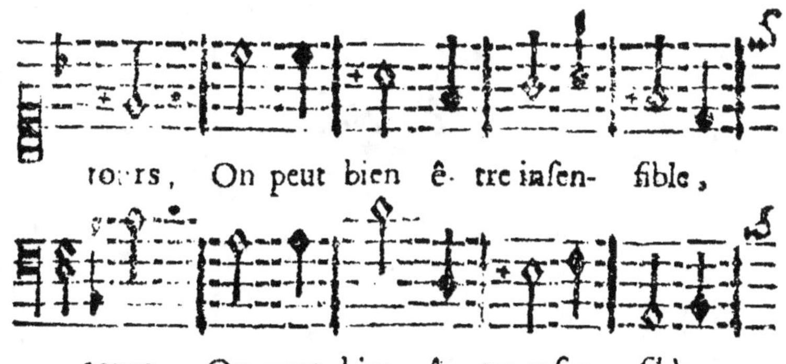
tours, On peut bien ê- tre insen- sible,
tours, On peut bien ê- tre insen- sible,

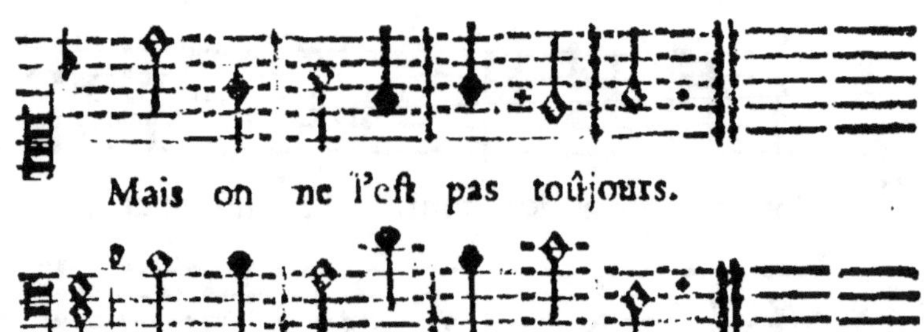

Second Couplet.

Qu'attendons-nous, ma Bergere,
A quoy bon perdre le tems ?

Nous n'avons dans ce miftere
Que de fecrets confidents.
Les oifeaux dans ce boccage
Sont des témoins trop difcrets,
Et trop faits au badinage
Pour découvrir nes fecrets.

Tendrement.

PAsser prés du Hameau de sa
Basse-Continue.
jeune Berge-   re, Voir de loin ses Mou-
Basse-Continue.

tons, les Prez, & ses Cô- teaux :
Basse-Continue.

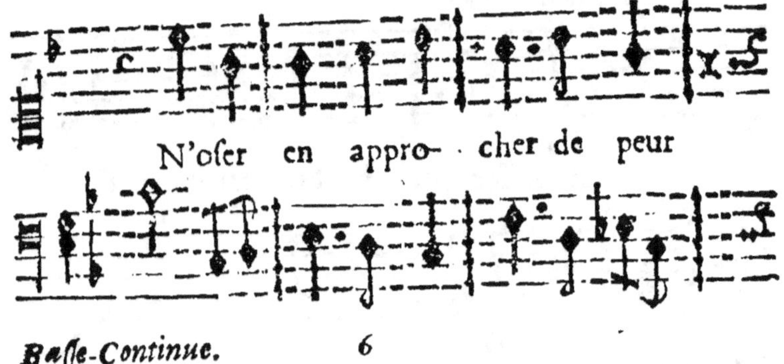
N'oſer en appro-cher de peur
Baſſe-Continue.   6

de luy déplai-   re. Helas! c'eſt un reſ-
✕ 6 ♮ 43✕
Baſſe-Continue.

peƈt qui cau-ſe bien des maux, He-
Baſſe-Continue.
las!

Baffe-Continue.

43

Second Couplet.

Tome III. X

Bien qu'el- le soit toû-
jours infen- fible à ma
pei- ne, He- las! c'est un plaifir de la voir feu- lement,
He- las! c'est un plai-
fir de la voir feu- le-
ment.

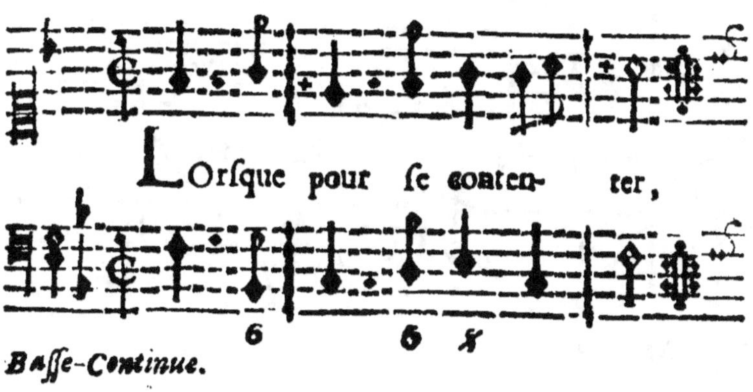
Lorsque pour se conten- ter,
Basse-Continue.
6   6 #

Iris   se met à chanter, O Dieux que
Basse-Continue.
4   6   6   6
      5   4

cette Bel- le Ex- prime bien pour
64   4 3#
Basse-Continue.

X ij

Basse-Continue.

Second Couplet.

ſont pour moy de mortel-

les at- tein- tes.

T R I O.

LE Printemps est de retour, Tout rit dans
LE Printemps est de retour, Tout rit dans
LE Printemps est de retour, Tout rit dans

ce Bocca- ge : Et des Oiseaux, nuit &
ce Bocca- ge : Et des Oiseaux, nuit &

ce Bocca- ge : Et des Oiseaux, nuit &

jour, On entend le ra- mage. I- ris,
jour, On entend le rama- ge. I- ris,
jour, On entend le ra- ma- ge. I- ris,

pour faire l'amour, En faut-il davanta- ge?
pour faire l'amour, En faut-il davanta- ge?
pour faire l'amour, En faut-il d'avanta- ge?

X iv

Second Couplet.

Troisiéme Couplet.

L'Amour fait aimer ses coups,
Ils n'ont rien de terrible;

Tout se sent d'un mal si doux;
C'est un charme invincible.
Iris, à quoy pensez-vous,
D'être seule insensible?

Suite en C sol ut.

Basse-Continue.

Basse-Continue.

Basse-Continue.

Second Couplet.

L'amitié que j'ay pour vous
Cause beaucoup de jaloux,

Mais je vous jure ma foy
Que l'ordre de la nature
Changera plûtost que moy.

Troisiéme Couplet.

Il n'est rien dessous les Cieux
De si brillant que vos yeux,

Et l'astre qui luit à tous
N'a pas assez de lumiere
Pour paroître devant vous.

Quatriéme Couplet.

Les Dieux nous firent je croy
Moy pour vous, vous pour moy,

Et leur pouvoir en ce jour
Autant qu'il vous fit aimable
Me fit capable d'amour.

Cinquiéme Couplet.

Vos beaux yeux de mille cœurs
Sont tous les jours les vainqueurs,

Et parmi ce grand amas,
Belle, donnez-moy le vôtre,
Puisque vous n'en manquez pas.

Sixiéme Couplet.

Vous avez tout, je n'ay rien,
Même vous avez le mien,

Ordonnez-moy le trépas
Ou bien faisons un échange,
Car sans cœur on ne vit pas.

Septiéme Couplet.

Mon respect & mon amour
Se querellent chaque jour,

Et s'égorgeront tous deux ,
Si vôtre pitié, Silvie,
Ne se vient mettre entre deux.

Huitiéme Couplet.

Sous les amoureuses loix
C'est trop d'un, quand on est trois;

Et j'ay oüy dire à tous ceux
Qui débitent des fleurettes ,
Qu'il ne faut être que deux.

Neuviéme Couplet.

Ma Philis n'a point d'amour,
Je le connois chaque jour,

Elle m'éprise mes vœux
Et se rit de ma constance,
Suis-je pas bien malheureux !

FLeurs qui naif- fez fous les pas de Sil-
Baffe-Continue.

vi- e, Ah ! que je porte en- vi- e
Baffe-Continue.

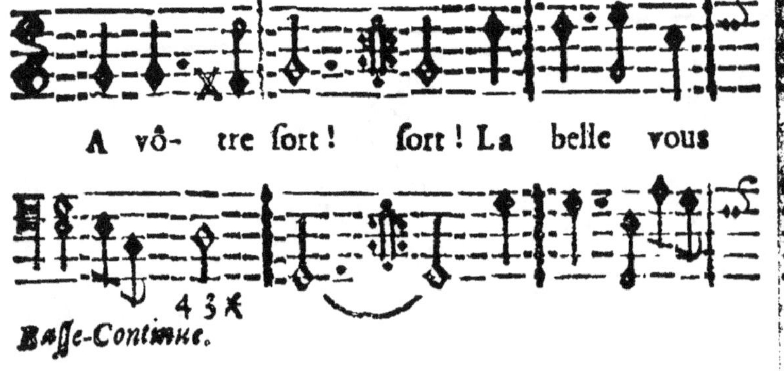
A vô- tre fort ! fort ! La belle vous
Baffe-Continue.

donne la vi-   e, L'ingrate me donne la
6 6 6   6   4 43X
Basse-Continue.

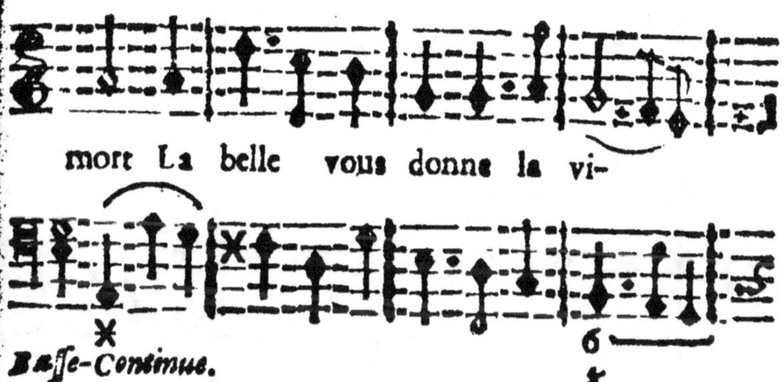
mort La belle   vous donne la vi-
X
Basse-Continue.
6
X

e,   L'ingratte me   donne la mort.
6   6
X 6
Basse Continue.

Mes yeux dans toute la Cour Font naître
Et portent par tout l'amour Sans en sen-

Basse-Continue.
6

millo allar- mes, Cupi- don me rend les
tir les charmes.

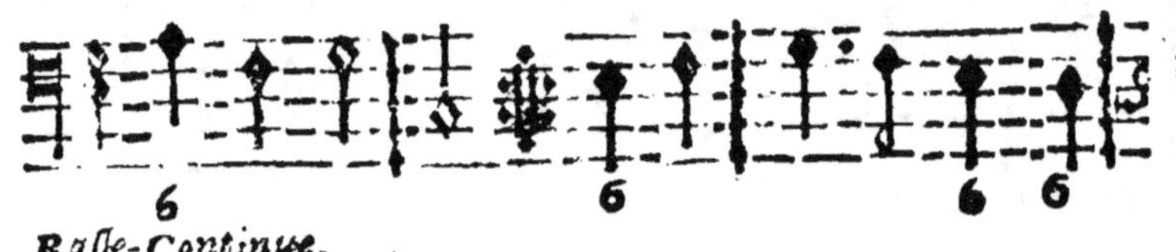
6
Basse-Continue.

armes, Car mon cœur a le secret appris,
6
Basse-Continue.

De

Second Couplet.

J'ay le plaisir tous les jours
De voir le beau Lisandre,
Pour le prix de mes amours
Me promettre un cœur tendre :

Mais il n'a rien à prétendre,
Car mon cœur a le secret appris
De prendre sans être pris. *bis.*

Troisiéme Couplet.

Ne vous amusez donc plus,
Pauvre Amant, je vous prie,
Vos discours sont superflus
Et jamais de ma vie,

D'aimer je n'auray d'envie ;
Car mon cœur a le secret appris
De prendre sans être pris. *bis.*

Basse-Continue.

Basse-Continue.

Basse-Continue.

Second Couplet.

L'esprit d'Iris est leger,
Et son cœur est une roche :

De quelque part qu'on l'approche,
On court par tout du danger.

Troisiéme Couplet.

Un Amant ne pense pas
Quand il y cherche une place,

Qu'il n'y va dans sa disgrace
Pas de moins que du trépas.

Quatriéme Couplet.

Dieux ! qu'on éxamine peu
Quand on est prés d'une Belle !

Et que la moindre étincelle
Allume le plus grand feu !

Cinquiéme Couplet.

Où je ressens son pouvoir
Elle occupe ma mémoire,

Mais je sçais borner ma gloire,
Au seul plaisir de la voir.

D V O.

L'Autre jour fous cet ormeau Un Ber-
L'Autre jour fous cet ormeau Un Ber-

ger tendre & fi- delle Soûpiroit pour Ifa-
ger tendre & fi- delle Soûpiroit pour Ifa-

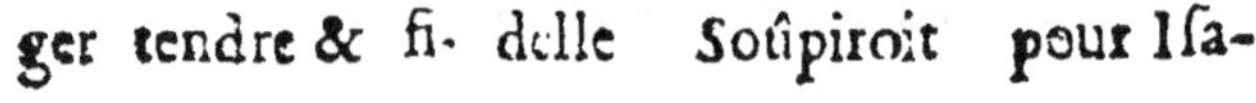

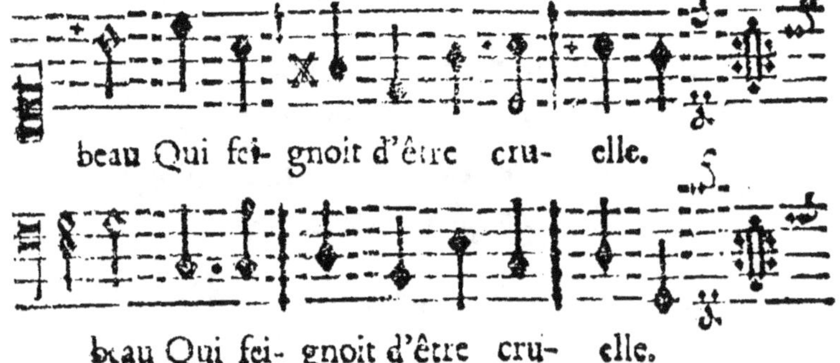

beau Qui fei- gnoit d'être cru- elle.
beau Qui fei- gnoit d'être cru- elle.

Mais en le voy- ant souf- frir Une ar-
Mais en le voy- ant souf- frir Une ar-

deur mortel- le, Ah! pourquoy, s'é-
deur mortel- le, Ah! pourquoy, s'é-

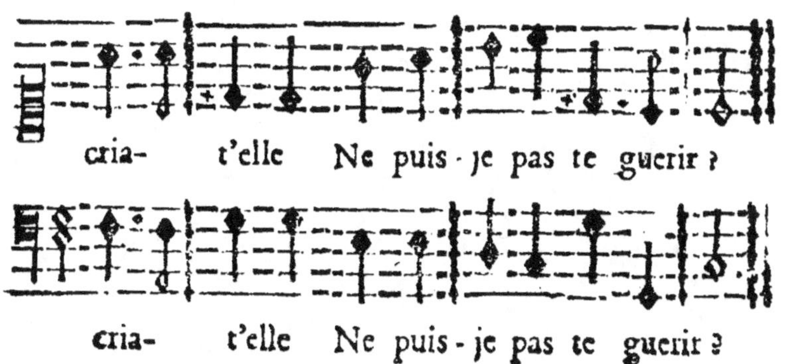
cria- t'elle Ne puis- je pas te guerir?
cria- t'elle Ne puis- je pas te guerir?

Second Couplet.

Le Berger presqu'aux abbois
Fût touché de ce langage,
Aux doux accens de sa voix
Il ranima son courage :

Et sçût si bien engager
La jeune Bergere,
Qu'il fît vœu sur la fougere,,
D'être toûjours son Berger.

TRIO.

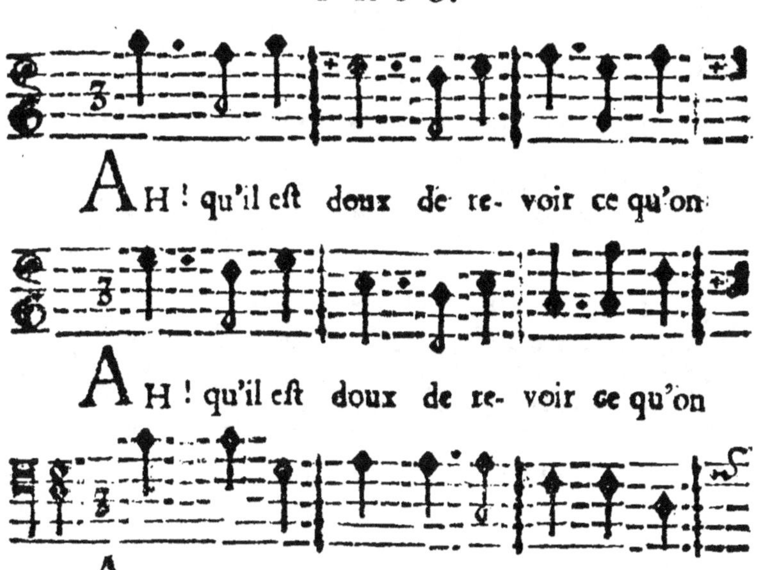
AH ! qu'il est doux de re- voir ce qu'on
AH ! qu'il est doux de re- voir ce qu'on
AH ! qu'il est doux de re- voir ce qu'on

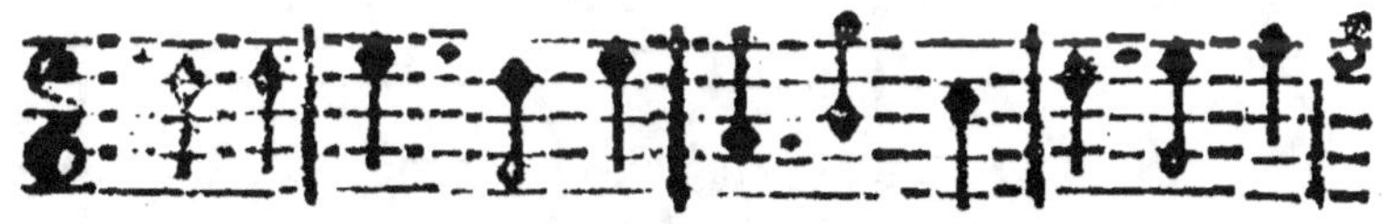
aime, Dans le temps même Qu'on perd tout es-

aime, Dans le temps même Qu'on perd tout es-

aime, Dans le temps même Qu'on perd tout es-

poir De ja- mais le revoir! Quand le plai-

poir De ja- mais le revoir! Quand le plai-

poir De ja- mais le revoir! Quand le plai-

sir suit une peine ex- trême, C'est un bon-

sir suit une peine extrê- me, C'est un bon-

sir suit une peine ex- trême, C'est un bon-
heur.

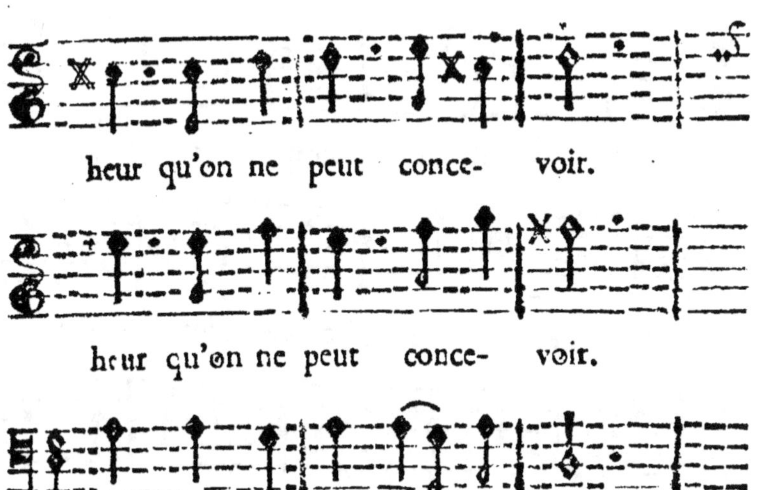
heur qu'on ne peut conce- voir.
heur qu'on ne peut conce- voir.
heur qu'on ne peut con- ce- voir.

Ah ! qu'il est doux de re- voir ce qu'on
Ah ! qu'il est
Ah ! qu'il est doux de re-

ai- me! Dans le temps même, Dans le
doux de re- voir ce qu'on aime! Dans le
voir ce qu'on aime! ce qu'on aime! Dans le

temps même Qu'on perd tout espoir De ja-
temps même Qu'on perd tout espoir De ja-
temps même Qu'on perd tout espoir De ja-

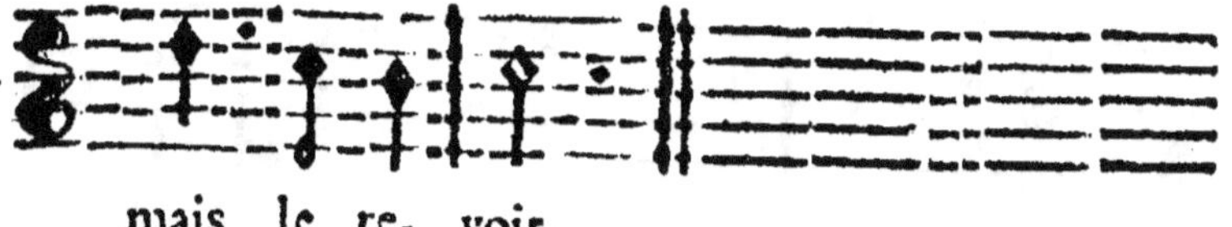
mais le re- voir.

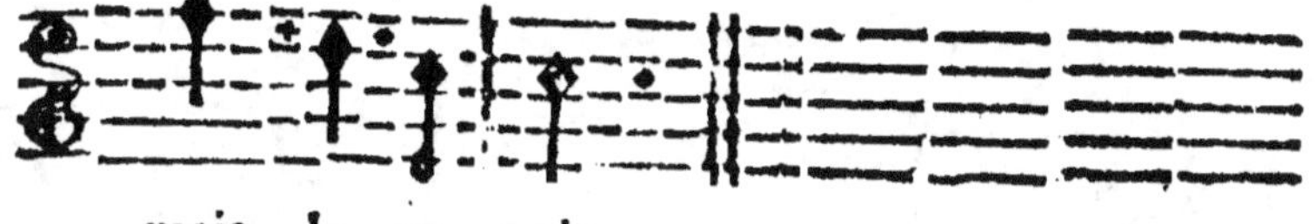
mais le re- voir.

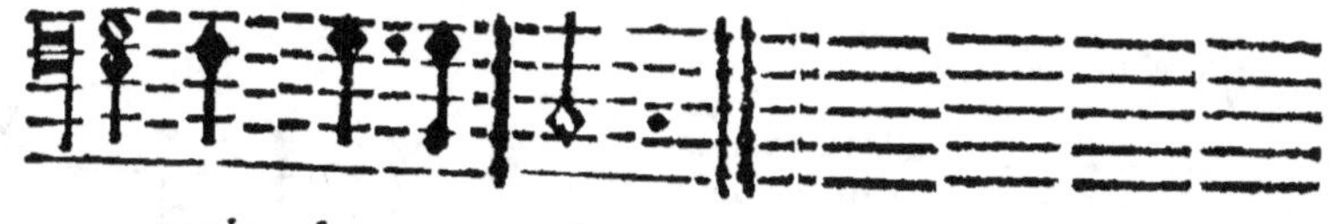
mais le re- voir.

AMour n'est jamais sans peines, Il fait
Mais on trouve dans ses chaînes, Le plus
Basse Continue.
pousser des soûpirs ;
charmant des plaisirs :
Ce Dieu fait ver-
Basse-Continue.
ser des larmes, Même aux plus heureux A-
Basse-Continue.

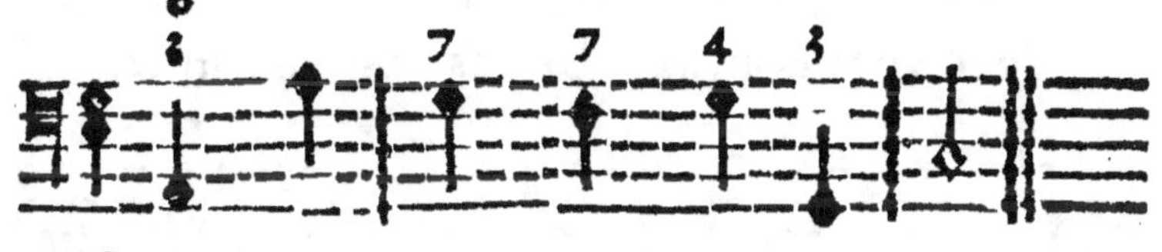

Basse-Continue.

DUO.

POur vivre heureux, Aimable Silvie,
POur vivre heureux, Aimable Silvie,
Fin.
Pour vivre heureux Soyons a- moureux.
Fin.
Pour vivre heureux Soyons amoureux.
L'Amour nous donne & con- serve la vie,
L'Amour nous donne & con- serve la vie,

Second Couplet.

· Dans mes soûpirs,
Petite Liette,
Dans mes soûpirs,
Que j'ay de plaisirs !

Rien ne m'allarme, & rien ne m'inquiette.
Dans mes soûpirs,
Petite Lisette,
Dans mes soûpirs,
Que j'ay de plaisirs !

A present que je te tiens seulette.
Dans mes soûpirs ; &c.

Z iv

Tous les Bergers du Vil- lage Aban-
6 6 6
X
Basse-Continue.

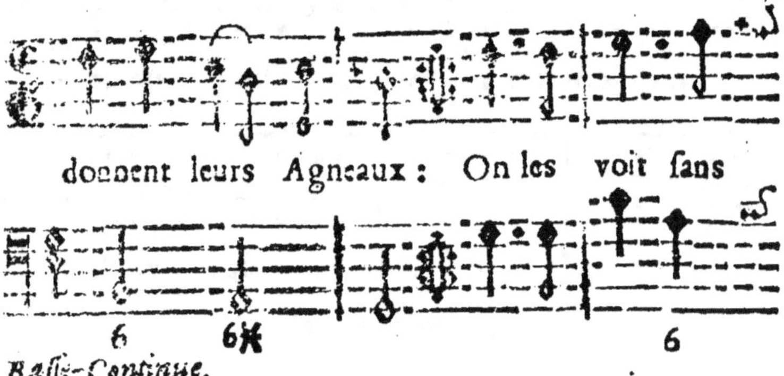
donnent leurs Agneaux : On les voit sans
6 6X 6
Basse-Continue.

patu- rage Languir au bord des ruisseaux ,
6 6
X X
Basse Continue.

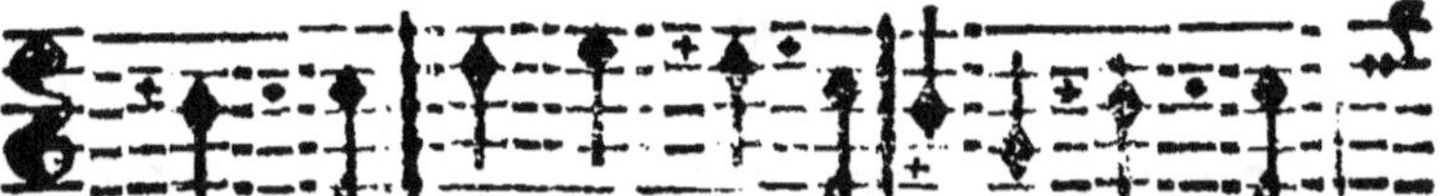

Baſſe-Continue.

Baſſe Continue.

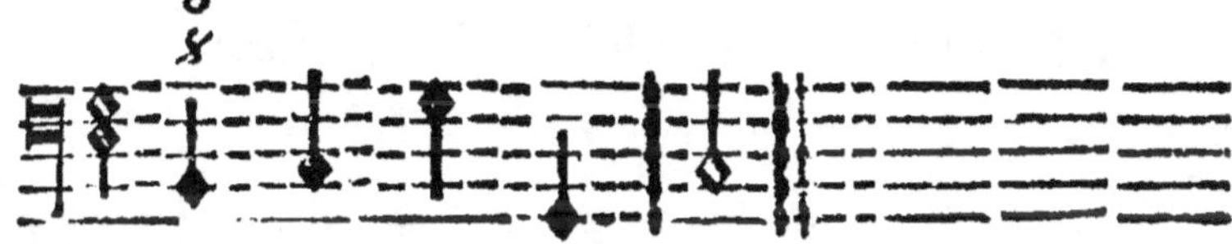

Second Couplet.

L'Amour n'épargne perſonne,
Il fait aimer en tout tems ;

De tous les biens qu'il nous donne,
L'on joüit malgré les ans,
Souvent les plaiſirs d'Automne,
Valent bien ceux du Printems,

T R I O.

AH ! tout beau , Ah ! tout beau , jeune Ber-
AH ! tout beau , Ah ! tout beau , jeune Ber-
AH ! tout beau , Ah ! tout beau , jeune Bergere , Contre l'Amour n'entre point en co-
gere , Contre l'Amour n'entre point en co-
gere , Contre l'Amour n'entre point en co-

le- re : Ne sçais-tu pas son abso-
le- re : Ne sçais-tu pas son abso-
le- re : Ne sçais-tu pas son abso-

lu pouvoir ? He- las ! c'est un mal ne- cef-
lu pouvoir ? He- las ! c'est un mal neceſ-
lu pouvoir ? He- las ! c'est un mal neceſ-

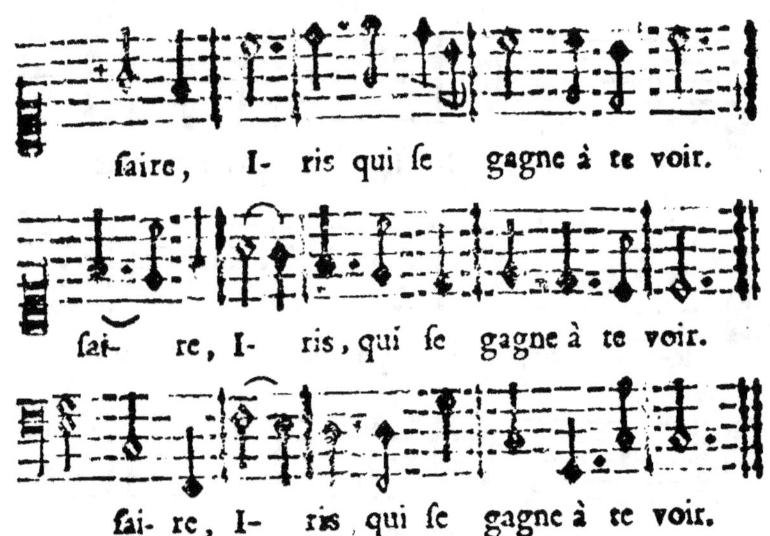

Second Couplet.

Ah ! tout beau, *bis.* s'il est possible,
Que ce regard ne soit point si terrible.

Helas ! un feu qui n'a rien que de doux,
Au lieu de te rendre sensible
Doit-il allumer ton courroux ?

Troisiéme Couplet.

Ah ! tout beau, *bis.* jeune sauvage,
Des mes transports souffre un peu davantage ;

Songe que c'est une injuste rigueur,
Alors que sous un beau visage,
L'on cache un insensible cœur.

FIN DES BRUNETES.

CHANSONS

A Danser en Rond.

Un vieux Meunier il m'a donné,
J'entens le Moulin taqueter ;
Sans cesse il ne fait que ronfler,
Helas, mon Dieu ! est-ce ce qu'il me faut ?
J'entens le Moulin tique-tique-taque,
Jentens le Moulin taqueter.

Sans cesse, &c.
J'entens, &c
Par la ruë passe un Boulanger,
Helas, mon Dieu ! & c'est ce qu'il me faut.
J'entens, &c.

Par la ruë , &c.
J'entens , &c.
Belle , veux-tu moudre mon bled ?
Helas , mon Dieu ! &c.
J'entens , &c.

Belle , veux-tu, &c.
J'entens , &c.
Oüy da , Monsieur, je le moudray.
Helas , mon Dieu ! &c.
J'entens , &c.

Oüy da , Monsieur , &c.
J'entens , &c.
Ma pris ma mené voir le bled.
Helas , mon Dieu ! &c.
J'entens , &c.

Ma pris, &c.
J'entens , &c.
Long-temps je l'ay fait marchander.
Helas , mon Dieu ! &c.
J'entens , &c.

Long-temps , &c.
J'entens , &c.
Mais je n'ay point conclud marché ,
Helas , mon Dieu ! plus qu'il n'en donne il faut.
J'entens , &c.

AUTRES COUPLETS.

Mon Pere aussi m'a marié ,
J'entens , &c.
A un Vieillard il m'a donné ,
Helas , mon Dieu ! &c.
J'entens , &c.

Il n'a ny maille ny denier ,

Qu'un seul bâton de verd Paumier ,

Dequoy il m'en bat les côtez ;

S'il me bat cor je m'en iray ,

Avec ses gentils Ecoliers :

Ils m'apprendront le jeu d'aimer ,

Le jeu des Cartes , le jeu des Dez.

Mon Pere m'envoy au marché tant
douce- ment, Nôtre Valet vint aprés
moy tant vîte- ment, Il me pouf-
fit, & je tombis, je me bleffis, Et malgré
moy, malgré mes dents; Oh regardez ce
gros vilain lourdaut, ce vilain impudent, Qui
prend les gens malgré leurs dents.

Mon

Mon Pere l'a fait appeller en jugement,
Voulant sçavoir la verité par son serment;

   Di-moy, ma fille, que ta t'il dit ?
   Ta t'il poussée, di-moy le vray,
    Es-tu tombée,
    T'es-tu blessée ?
Et oüy mon Pere, malgré moy malgré mes dents.

  Oh regardez, &c.

     ❦

Nôtre Juge en a ordonné bien fichument,
Ecoûtez, s'il vous plaift, Messieurs, son jugement.

   Reprend ton non, & toy ton oüy,
   A plus perdu, qui a plus mis,
   Et quitte quitte & bons amis,
    Et fans dépens;

  Oh regardez, &c.

     ❦

Comme il alloit à Cambray
Pour y vendre ses oignons,

Quand il fut sur la montagne,
Qu'il entendit le canon,

Et allons ma Tourelourirette,
Et allons ma tourelouriron.

Quand il , &c.

Qu'il , &c.

Il eût si grand' peur aux fesses
Qu'il en fit sur ses talons ,
Et allons , &c.

Il eût , &c.

Qu'il en , &c.

Toutes les Dames de la Ville
Luy apportoient des torchons ,
Et allons , &c.

Toutes , &c.

Luy , &c.

Je vous remercie mes Dames
De vous & de vos torchons ,
Et allons , &c.

Je vous , &c

De vous , &c.

Quand vous passerez par nos Villes ,
Repassez par nos Maisons ,
Et allons , &c.

Quand vous , &c.

Repassez , &c.

Nous fritasserons des Mouches ,
Rotirons des Hannerons ,
Et allons , &c.

Nous , &c.

Rotirons , &c.

Et nous mangerons la soupe
Dessus le cul du Poëslon ;
Et , &c.

Si je vous allois trouver
La nuit fans chandelle,

Me laifleriez-vous long-temps
Faire fentinelle.
Non. &c.

Vous eftes à ce que je voy
Fille naturelle ,

Dites-moy de bonne foy
Eftes-vous fidelle ?
Ouy. oüy ce me dit-elle. *bis.*

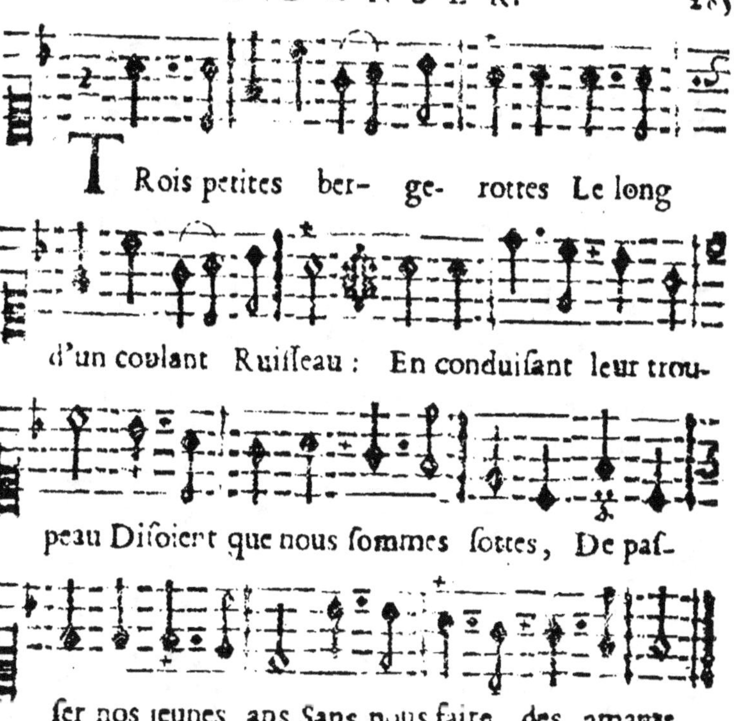

Rien n'occupe nos pensées
Que le soin de nos Moutons,

Tant de temps que nous perdons
N'est ce pas estre insensées,

De passer, &c.

Que c'est un plaisir extrême
D'avoir un joly Berger,

Qui bien loin d'estre leger,
Dit sans cesse qu'il nous aime ;

Passons donc nos jeunes ans,
A nous faire des amants.

Vray Dieu, que j'estime heureux *bis.*
Une Couple d'amoureux ? *bis.*

Dont le plaisir est d'apprendre
Tique-rique-taque lon lan la,
Dont le plaisir est d'apprendre
Comme l'on chante cela.

Caché derriere un buisson , *bis*.
J'écoûtois bien leur leçon , *bis*

Tout mon soin étoit d'apprendre
Tique-tique-taque, &c.
Tout , &c.
Comme, &c.

Mais ma mere ne veut pás, *bis*.
Que je chante ces chants là , *bis*.
Elle me deffend d'apprendre
Tique-tique-taque , &c.
Elle, &c.
Comme , &c·

Mais mon Berger amoureux , *bis*.
Dit quand nous sommes tous deux , *bis*,
Qu'il faut malgré mere apprendre
Tique-tique-taque , &c.
Qu'il , &c.
Comme , &c.

Le Tique tac que j'ay oüy , *bis*.
Est propre à chasser l'ennuy . *bis*.
Ah ! je voudrois bien apprendre
Tique-tique-taque, &c.
Ah ! &c.
Comme, &c.

J'aimerois bien mon Amant, *bis*.
Si d'un air doux & charmant. *bis*.
Il me proposoit d'apprendre
Tique-tique-taque, &c.
Il , &c.
Comme, &c.

Margoton   allant au Moulin, Margoton

allant au Moulin :   Filant   ſa Quenoüil-

le en chemin , Lan fin lan ſa lan ſa re la ri

ra. Non je n'iray plus , je n'iray pas, je n'oſe-

rois , Non je n'iray plus ſeulette aux Bois.

Filant ſa Quenoüille en chemin , *bis.*

Son Fuſeau luy tomba des mains ,
Lan fin lan ſa , &c.

Son

Son fuſeau, &c. *bis.*
Un Cavalier paſſant luy print
Lan fa, &c

※

Un Cavalier, &c. *bis.*
Monſieur, retirez vôtre main,
Lan fin, &c.

※

Monſieur, & c. *bis.*
Je connois bien vôtre deſſein,
Lan fin, &c.

※

Je connois, &c. *bis.*
Vous ſeriez tenté du malin,
Lan fin, &c.

※

Il m'abordoit toûjours
Dans un respect extrême,
Et dans tous ses discours
Etoit toûjours le même :

Pour fuir, &c.

La Bergere avec qui
J'allois à la campagne,
Il l'a servoit aussi
Comme étant ma compagne :

 Pour fuïr, &c.

Quoyqu'il n'épargnât rien
Pour luy marquer son zele,
Je m'apercevois bien
Qu'il me servoit mieux qu'elle :

 Pour fuïr, &c.

Sans m'en appercevoir
Je fus accoûtumée,
Tous les jours à le voir
Et à m'en croire aimée :

 Pour fuïr, &c.

Qu'il est tendre, qu'il est charmant ! *bis.*
Que gagnerois-je en l'évitant ?
　　Je l'aime, &c.

Que gagnerois-je en l'évitant ? *bis.*
En tous lieux il me va cherchant.
　　Je l'aime, &c.

En tous lieux il me va cherchant, *bis.*
Par tout je le vois, quoyqu'absent.
　　Je l'aime, &c.

Par tout je le vois, quoyqu'abfent ; *bis.*
Un foir il me trouva refvant ,
   Je l'aime, &c.

Un foir il me trouva refvant ; *bis.*
Helas ! dit-il, en foûpirant ,
   Je l'aime, &c.

Helas ! dit-il, en foûpirant , *bis.*
Pour vous je refve à chaque inftant ,
   Je l'aime, &c.

Pour vous je refve à chaque inftant , *bis.*
Mon cœur s'émut en l'écoûtant ;
   Je l'aime, &c.

Mon cœur s'émut en l'écoûtant , *bis.*
Et mon trouble en fut le garent :
   Je l'aime, &c.

Et mon trouble en fut le garent ; *bis.*
Tircis profita du moment ;
   Je l'aime, &c.

Tircis profita du moment , *bis.*
D'un baifer il me fit prefent ;
   Je l'aime, &c.

D'un baifer il me fit prefent ; *bis,*
Je le reçûs en rougiffant.
   Je l'aime, &c.

Je le reçûs en rougiſſant : *bis*.
Hé, qui n'en eût pas fait autant ?
   Je l'aime, &c.

Hé, qui n'en eût pas fait autant ? *bis*.
On ſouffre trop en reſiſtant.
   Je l'aime, &c.

On ſouffre trop en reſiſtant ; *bis*.
Amour, prend ſoin de mon Amant.
   Je l'aime, &c.

Amour, prend ſoin de mon Amant *bis*.
Il eſt heureux, il eſt content ;
   Je l'aime, &c.

Il eſt heureux, il eſt content ; *bis*.
Acheve, & fay qu'il ſoit conſtant.
   Je l'aime, je l'aime :
Ah ! quel trouble je ſens,
   C'eſt l'Amour même.

Voy, Colin, comme je file,
Je mouille en filant mon lin :
Mouille aussi lorsque tu file,
Le fil en sera plus fin.
Voy, Colin, &c (ou bien)
Il faut, &c

La Fontaine étoit creuse
Elle est tombée au fond. } bis.

Par là ils passirent
Trois beaux jeunes garçons.
Ahïe, &c.

Par là , &c.
Trois , &c.
Que donrez-vous , la Belle ,
Nous vous retirerons.

Ahie , &c.

Que donrez-vous , &c.
Nous , &c.
J'ay dedans ma pochette
Quelques demy testons.

Abïe , &c.

J'ay dedans . &c.
Quelques , &c.
Ce n'est pas là , la Belle ,
Ce que nous vous voulons.

Ahïe , &c.

Ce n'est , &c.
Ce que , &c.
La prinrent, la menerent
Dessus le verd gazon.

Ahïe , &c.

La prinrent , &c.
Dessus , &c.
Et puis il luy apprinrent
Trois fois la Chanson.

Ahie , &c.

B R A N L E.

Qui veut sçavoir de nos cantons Danser le
joly branle, Qu'il é- coûte bien
tous les tons Dont nous égay- ons nos chan-
Reprise.
sons: Car c'est un joly branle, C'est le branle de nos cantons, Et c'est là le bon
branle.

Nouveau Branle.

Reprise.

Chacun y vient, Fille & Garçon,
Et c'est là le bon branle;

Chacun y vient danser en rond,
Et folâtrer fur le gazon :
Car e'est un joly branle,

Que le branle de ce canton,
Et c'est là le bon branle.

Là chacun chante , & chacun rit;
Et c'est là le bon braule,

Lt fage Bergere en conduit
Dans quelque agréable Reduit :
Car e'est un joly branle,

C'est là le branle du pays,
Et c'est là le bon branle.

Les plaifirs y font leur féjour
Et c'est là le bon branle,

Chacun parle de fon amour
Et le fait fentir a fon tour :
Car c'est un joly branle,

C'est là le branle de l'amour.
Et c'est là le bon branle.

L'on y tient de tendres difcours,
Et c'eſt là le bon branle,

Les Bergeres dans leurs atours
Viennent s'y rendre tous les jours :
Car c'eſt un joly branle,

C'eſt là le branle des amours,
Et c'eſt là le bon branle.

Ce ne ſont que des rendez-vous,
Et c'eſt là le bon branle,

On n'appréhende point les Loups,
On ne voit jamais de Jaloux :
Car c'eſt un joly branle,

C'eſt là le branle de chez nous,
Et c'eſt là le bon branle.

*FIN DES CHANSONS
A DANSER.*

POT-POURY.

Ur le Pont d'Avignon, j'ay
oüy chanter la Belle qui dans son chant disoit;
Gay.
Et baise-moy tandis que tu me tiens, tu ne
me tiendras plus guere. Et... guere. un
jour viendra, le moment viendra que tu le vou-
Un peu plus lent.
dras. Quelle heure est-il, Margot, quelle heure est-

Gay.

Tendrement.

Lentement.

Gay

fette.   Tu difois que tu m'aimois,
mantenfe, manteufe, Tu difois que tu m'aimois:
Ah! tu me trahis malheureufe, ah! tu vas
trahir tes fermens. Voyez-donc ce gros che-
val, ce chien de brutal, qui me traite mal,
Quand à m'avoir tu fongeois, point ne me croyois, où tu me voyois, à prefent pour mon mal-
heur,

heur, ce qui te plût te fait mal au cœur,
Gravement.
C'est à l'A- mour qu'il s'en faut pren-
Gay.
dre. Helas! la pauvre fille, elle a le
mal de tout. Je remontay fur ma befte
En reve- nant de faint Denis en France,
Lentement.
je rencon- tray Blaife revenant des

Toms III.   C o

champs, tout dan- dinant, tout dan- dinant, rencon-
trit la femme à Jean, & puis ils s'en furent,
Gay.
dans u- ne ma- zure. Il luy deman-
da son nom ma Belle digue di, ma Belle
digue don, l'Ingratte sans feindre répond
fiere- ment, Allez porter la
guerre au bout de l'Univers, vous ver-

rez si l'Amour ose- ra vous y sui-
Gay.
vre,   Et jen sçau- rois. Pierre Bagnole baise sa femme sut cû du four peur d'avoir
Lentement
froid & sa femme luy vient dire,   Encor un
coup qu'en peut-il ar-   river, un coup de
Gay.
plus te fera - t'il cre-   ver. Boire un
coup en boire deux, ce n'est pas une affaire,

Lentement.

Je suis encor trop jeu-nette Je mou-

Gravement.

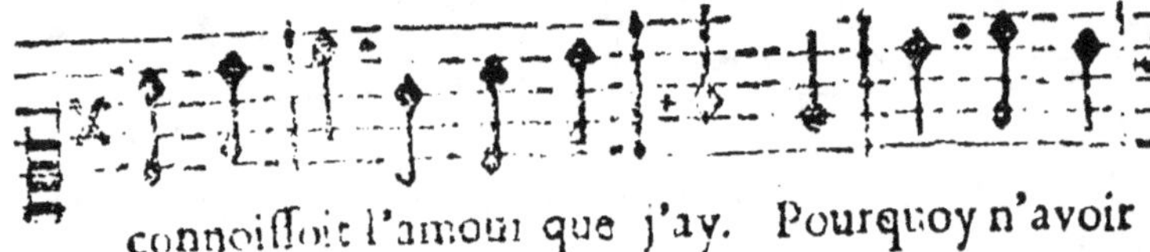

Tendrement.

pas le cœur tendre, rien n'est si doux que d'ai-

Gay.

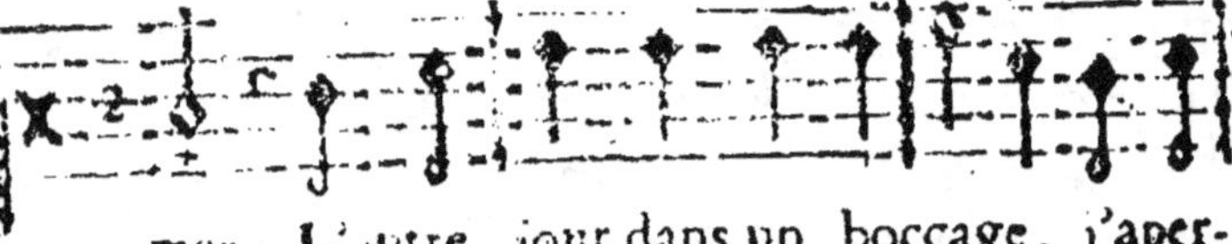

çûs la fille à Miché, d'un air gay, qui bai-

soit d'un grand cou-rage, le Mouton d'un jeu-
ne Berger, je santis naître dans mon ame
les transports d'une amoureuse flâme, je la
Lentement.
pris, & je luy dis, Que fais-tu', Ber-
Gay.
gere, dans ce beau Ver-ger. Je fais
souvent rai-sonner ma Musette, qui dit pour
Lentement.
moy, Ni-colas va voir Jau-

ne, & Jan- ne dormez-vous, je ne dors
ny ne veille, & ne pense point à
vous, vous y perdez vos pas, Nicolas,
Gay.
N'est pas pour vous, que le four chauffe,
n'est pas pour vous, qu'on cuit chez nous.
Lentement.
Pren ta pelle & ton fourgon, allu- me
ta Bouré e, & puis aprés nous revien-

drons.   Sur   le Pont d'Avignon, j'ay oüy chan-
ter la Belle, qui dans son chant disoit ;
Gay
Et baise - moy tandis que tu me
tiens, tu ne me tiendras plus guere.

F I N.

9 782329 606316